自由・民主・信仰の世界

日本と世界の未来ビジョン

大川隆法
Ryuho Okawa

まえがき

本書は、これからの日本と世界のあるべき姿をさし示した重要な書籍である。

「自由」「民主」「信仰」こそ、未来の世界を切り拓《ひら》くためのキーワードである。国民が幸福になり、幸福であり続けるためには、必須《ひっす》のチェックポイントである。

もう一つ「平等」という価値があるではないかという人もいるだろう。その通り。しかし、信仰なき人、宗教を信じない人たちの平等観には、常に、「悪平等」や、「結果平等」としての「貧しさの平等」がつきまとう。

それは時に、非現実なほどの独裁制や人権の弾圧につながりやすい。

「自由」が真に成立するためには、「チャンスの平等」と「公正な処遇《しょぐう》」「成功せし者の騎士道《きしどう》的責任感」が伴う。人の幸福のためには、刑務所の中の劣悪《れつあく》な平等よりも、意志と力で未来を切り拓いていけるチャンスの平等的自由が必要である。そして各人がその権利を有しているという考えが、「民主」であり、人々が神仏の子であると考える「信仰」こそ、基本的人権が成立する基礎である。

本書こそ、現代の人々にとって、限りなく重要な啓蒙書《けいもうしょ》となるであろう。

二〇一九年　六月五日

幸福《こうふく》の科学《かがく》グループ創始者兼総裁《そうししゃけんそうさい》　大川隆法《おおかわりゅうほう》

自由・民主・信仰の世界　目次

第1章　自由・民主・信仰《しんこう》の世界

二〇一九年五月十四日　説法《せっぽう》
千葉県・幕張《まくはり》メッセにて

第2章　繁栄《はんえい》を招くための考え方

二〇一八年十一月二十五日　説法
北海道・千歳《ちとせ》市民文化センターにて

第3章　未来への希望

二〇一九年一月二十六日　説法
広島県・広島県立文化芸術ホールにて

3　国家統治と国力維持《いじ》の基本ルール　

第1章

自由・民主・信仰《しんこう》の世界

二〇一九年五月十四日　説法《せっぽう》
千葉県・幕張《まくはり》メッセにて

1　国論と諸外国に影響《えいきょう》を与《あた》えたオピニオン

立党十周年を迎《むか》えた幸福実現党の理念

今日（二〇一九年五月十四日）は幸福実現党の立党十周年記念の講演会ですが、令和の時代に入ってからは、これが最初の講演会になります。

ここ幕張《まくはり》メッセのイベントホールや国際展示場で私が講演をするのは、今年で三十年目に入ります。ここをもう三十年ぐらい使っているので、私自身にとっては大して進歩がないのですが、幸福の科学の会員のみなさまは、さまざまな方面で活躍《かつやく》し、活動なされていますし、幸福の科学の事業も多角化し、同時並行《へいこう》でさまざまなことがなされています。

幸福実現党の政党事業に関しましては、「立党から十年がたち、基礎《きそ》的な部分が出来上がってきつつあるところかな」というのが私の感想ですが、「幸福の科学がつくった政党として果たすべき本来の役割は、まだまだ果たせてはいない」というのも率《そっ》直《ちょく》な感想です。

この十年間で、「政治活動のかたちをつ

本章講演の本会場となった幕張メッセ・イベントホールの当日の様子（2019 年 5 月 14 日）。

くる」ということと、「政治に関する理念、教えの基本をつくる」ということを中心にやってきたつもりです。

それを宗教事業と両立できるようなかたちで展開していかなければ、やる意味がないので、そのあたりのことを、教育事業や映像・芸術分野の事業、国際事業など、いろいろなものと同時並行でやってきました。

その意味では、熱心な信者、会員のみなさまには、本当に多大なご心労やご苦労をおかけいたしましたが、みなさまからご鞭撻《べんたつ》を頂いて今日《こんにち》があるものと考えております。

オピニオンで日本を引っ張り、諸外国にも影響《えいきょう》を与《あた》えている

政党事業に関しましては、赤《あか》ん坊《ぼう》で言えば、「やっと立ち上がれるようになったかどうか」というぐらいのレベルなので、私たちの視野から見れば、まだまだ、はるかに小さなところまでしか実績がつくれていません。

ただ、幸福実現党は、この十年間、オピニオン政党としては、この国をそうとう引っ張ってきたつもりですし、諸外国にも影響《えいきょう》を与《あた》えてきつつあると思います。

「むしろ、諸外国にいる方々のほうが、幸福実現党が目指しているものは何であるかがよく分かる」ということが知られてきています。海外で、さまざま

な人権弾圧《だんあつ》のなかを生きておられる方々、そういうところでリーダーをやっておられる方々は、幸福実現党がやろうとしていることを、少し見ただけで分かります。「何をしようとしているのか」が分かってしまうのです。

ただ、大多数の日本人にとっては「現状維持《いじ》」が基本原則なので、「幸福実現党が何をしようとしているのか」ということを、日本人の多くは十分には分かっていないところがあったのではないかと思います。

そういう意味でも、諸外国において人権弾圧と戦っているリーダーの方々や、「これから新しく国をつくっていき、もっとよい国にしよう」と思っている方々が、幸福の科学や幸福実現党に学んで、「これは自分たちにとっても将来の指針になる」と言ってくださったことには、私自身がとても励《はげ》まされました。

「国籍《こくせき》を超《こ》え、言葉を超えて、私の言っていることを理解できる方々が、世界にいらっしゃる」というのは、とてもうれしいことです。

それに比べると、この日本という国は、世界から思われているよりも、実は、はるかに素晴《すば》らしい国であり、とてもよい国なのです。ただ、それゆえに、現状のままでいても、ある程度、満たされた状況《じょうきょう》を維持できるので、「近い将来や遠い将来の危機」とか、「日本の国が持つべき責任」とか、そのようなものに対しては、どうしても疎《うと》くなる面があるのだと思います。

2 人を幸福にする政治理念①——「自由」とは何か

「自由」には「国家からの自由」と「国家への自由」の二つがある

今回は、「自由・民主・信仰《しんこう》の世界」という大きな演題を掲《かか》げています。

このなかの、最初の「自由」というのは、言葉としては、よく聞いておられると思います。「自由」とは大きく言って、「国家からの自由」と「国家への自由」の二つで出来上がっています。

・国家からの自由――「言論の自由」などをいかに護《まも》るか

「世界のなかで苦しんでいる国民や人民」と言われるような人たちは、「国家からの自由」の問題で苦しんでいます。「国家が個人個人の自由を抑圧《よくあつ》し、その幸福実現の力を制約している」ということで苦しんでいる方々が大勢《おおぜい》いるのです。

日本においては、「国家からの自由」というところは比較《ひかく》的クリアされていて、みなさまの発言や行動、表現の自由等は、そうとう護《まも》られています。

例えば、皇室に関してさまざまな意見が出て、週刊誌等でいろいろと噂《うわさ》をされても、「その週刊誌が取り潰《つぶ》された」という話はまだ聞かないので、日本はそうとう寛容《かんよう》な国家です。ほかの国では、こうはいかないはずだと思うので、「国家からの自由」という面では、日本はかなり恵《めぐ》まれた段階にあると言えます。「国家からの自由」が中心命題である国というのは、やはり、今、苦しんでいて、発展途上《とじょう》にある国、あるいは転落している国だろうと思うのです。それに比べて、「国家からの自由」という意味では、私たち日本人は、そうとう恵まれたところまで来ていると思います。

・国家への自由――国民の声を集めて国家をつくり直す

一方、「国家への自由」ということになると、国家に対して、「このように変わっていってほしい」「このようにしてほしい」、あるいは、「国民に対して、こういうところをもっと保障してほしい」「国民の願いを聞き届けてほしい」という、「積極的な自由」に変わっていきます。こちらのほうになると、日本人にも、まだまだ足りないものがあるのです。

幸福実現党も、「諸外国まで含《ふく》めて、国家からの自由を保障すべきだ」と言うと同時に、「国家への自由として、国民一人ひとりの声を集めて国家をつくり直していく自由、新しい国家を建設していく自由を認めよ」と言っています。

そのために、私は、今までの十年間において、かなり極端《きょくたん》なことも数多く言ってきています。

それは、その当時の世論《せろん》とはかなりずれたものであったと思いますが、「数年ぐらい先に必要なこと」を言ってきたつもりですし、「私が言ってきた方向に、国は少しずつ少しずつ動いてきている」と考えています。

このような「国家への自由」を中心に考える国は、先進国のほうに分類されることになると思います。

中国が自由を奪《うば》ったウイグル・チベット・モンゴル、そして台湾《たいわん》は……

今、「国家からの自由」について、はっきり言うとすれば、次のようなことです。

例えば、たびたび言及《げんきゅう》している中華《ちゅうか》人民共和国では、新疆《しんきょう》ウイグル自治区やチベット自治区、内モンゴル自治区等は、国を丸ごと中華人民共和国に取られているのです。これらの地域では、ほとんど、「現代における、ある意味での奴隷《どれい》制度」が現実に行われており、自由な活動等は何もできませんし、国外に脱出《だっしゅつ》することも、国外にいる人たちからアプローチをかけることもできない状《じょう》況《きょう》なのです。

●**雨傘革命**　中国政府による香港《ホンコン》への政治介入が強まるなか、2014年、香港の学生を中心に大規模な反政府デモが起きた。学生たちが傘を掲げてデモ活動に参加したことから、「雨傘革命」と呼ばれる。

それから、香港《ホンコン》でも、近年、「雨傘《あまがさ》革命」等への弾圧《だんあつ》がありました。こういう国もあるわけです。

また、私は三月に台湾《たいわん》で講演をしましたが、台湾の方々は戦々恐々《せんせんきょうきょう》としています。

台湾では、「独立派を唱《とな》えたら、中華人民共和国の軍が一気に攻《せ》め込《こ》んでくるのではないか」と思い、融和《ゆうわ》派の意見も出たりしています。「そのほうが安全ではないか」と思ったりして、行ったり来たりし、心が揺《ゆ》れているような状況なのです。

そういうなかで、私は台湾で講演をし、次のようなことを申し上げました。

「台湾にとっては、『独立するかどうか』が問題

●三月に台湾で……　2019年3月3日、台湾を巡錫《じゅんしゃく》し、「愛は憎しみを超えて」と題して講演と質疑応答を行った。『愛は憎しみを超えて』（幸福の科学出版刊）参照。

なのではありません。台湾は中華人民共和国とは別の国家になっています。国家のシステムがはっきり違《ちが》っているのです。

中華人民共和国は、残念ながら、『共産主義』という名の全体主義に陥《おちい》っており、さらに、その中身を見ると、資本主義的な面をかなり容認してきているので、ファシズム的な面がそうとう強くなってきています。私は、そういう分《ぶん》析《せき》をしています。

これに比べて、台湾という国は、『自由』も『民主』もあれば、『法治主義』も『信仰』もある国なので、国家として明らかに違っていますし、中華人民共和国から、一度も、占領《せんりょう》されたことも支配されたこともない国なので、『独立するかどうか』の問題ではないのです。

幸福の科学、幸福実現党としては、『自由・民主・信仰を維持《いじ》している国家が他国から侵略《しんりゃく》される』というような事態に対しては、十分に国際世論を呼び起こします。

私たちには、『あなたがたを護りたい』という気持ちがあります。

日本は台湾との国交をなくしている状態ですが、私たちは、『これは非常に不当な状況である』と考えているので、何とか改善し、アメリカ・日本・台湾の関係を強化したいと思っています。

あなたがたに、将来、奴隷《どれい》的な状態になってほしくはないのです」

このようなことを、はっきりと申し上げたのです。

私は嘘《うそ》を申しません。私が言っていることは、「これからの未来において実現すること」です。その方向に世界を持っていきます。

今、幸福の科学は百五カ国で活動しているので、当会の言論は百カ国以上で広がります。したがって、世界を動かす力を基本的には持っていると信じています。

その原動力は、やはり、「発信源である、この日本がどう変わっていくか」という認識をまず与《あた》えることです。それが基本的には大事なのではないかと思っています。

3　人を幸福にする政治理念②――「民主」とは何か

幸福の科学が民主主義を世界に広げたい理由

さらに、私は「自由」以外に、「民主」についてもよく語っています。

「民主」という言葉は、「自由民主党」「立憲民主党」「国民民主党」など、たくさん使われており、使い慣れている言葉であるため、どこでも使うものではありますが、その意味をよくよく考えてみる必要があるのではないかと思います。

「民主主義」というのは、現実には、宗教にとって、かなり厳しいことなのです。ですから、これについては、私は「あえて言っている」ということを知っていただきたいのです。

民主主義とは、「個人個人の価値を認め、基本的な人権として平等の価値を認め、それぞれの意見の総合によって、いろいろなものをつくり、動かしていこう」という考え方なので、民主主義社会は「多数の者が望まないことは実現しない世界」なのです。

例えば、新しい宗教が始まったとしても、最初は、それが多数のはずはありません。数百年、千年、二千年とたてば、「国民が丸ごと信者だ」というようなこともありえますが、新しい宗教だと、そこに神の声が降り、その方向に向けて活動していたとしても、少数派であることは明らかです。

したがって、宗教にとっては、政治活動の早い段階で「民主主義」を唱《とな》えるのは極《きわ》めて厳しいことなのです。

民主主義を認めているから、幸福実現党は選挙でなかなか勝てないでいるのです。しかし、私は「それでもよい」と思っています。民主主義を推《お》し進めていく〝逆風〟のなかで、勝たなければならないと思っているのです。

民主主義で人々の幸福が担保《たんぽ》されるのは大事なこと

民主主義のいちばんよいところは、「個人個人は、難しいことは分からないとしても、自分にとって、そういう制度や考え方が不幸をもたらすかどうかについての判断ぐらいはできるだろう」という考え方が、最低限入っているところでしょう。

つまり、「国民や人民は、自分たちを不幸にし、迫害《はくがい》するような政府を選ばない。そういう主義・主張は選ばないだろう」ということが基本にあるわけです。

宗教というのは、長い歴史のなかでは変節《へんせつ》していくこともありますから、こうした民主主義によって人々の幸福が担保《たんぽ》されるということは、大事なことであると思っています。

したがって、私たちにとっては不利であっても、やはり、これは守るべきであると考えています。

これについては、同じことを、トランプ大統領の守護霊《しゅごれい》が私に対して言いました。それはちょうど、私が台湾《たいわん》での講演会を行《おこな》ったころのことですが、その

●トランプ大統領の守護霊が…… 2019年2月28日、トランプ守護霊の霊言を収録。
●台湾での講演会…… 『愛は憎しみを超えて』(前掲)参照。

直前に、トランプ大統領は金正恩《キムジョンウン》氏とベトナムで会談をして決裂《けつれつ》したので、それについてどう思っているのかを訊《き》いたのです。

こちらから、「マスコミであれだけ悪口を言われ続けているのは、かなりきついのではありませんか」というような話をしたところ、それでも、トランプ大統領の守護霊は、「私を批判するマスコミがあるということは、世の中が健全だということだ。結構である。それを打ち返して実績をあげてこそ、民主主義国家の大統領であるので、自分が批判されることは、あえて、それは受ける」というようなことを言っていました。

それで、トランプ大統領自身は、ツイッター一つで反論し続けているわけですが、偉《えら》いと思いました。「自分の悪口を言う人たちの自由を認める。それでこそアメリカの大統領だ」「どのように独裁者のように言われようとも、国民にとってよいことは、私はやる。しかし、私がよくないと思うことについてはやらない」ということを彼の守護霊は言いましたので、「さすがはアメリカの大統領だな」と、ずいぶん感心したことを覚えています。

実は「歴代大統領が積み残した仕事」をしているトランプ大統領

現実に、他国から見れば極端《きょくたん》に見えることも、トランプ大統領は言っています。

例えば、「メキシコとの国境に、壁《かべ》、フェンスをつくる」ということを言っています。これは奇妙奇天烈《きみょうきてれつ》ですが、映像としては、非常にはっきりと目に見えるものです。この壁の建設費は六千五百億円ぐらいですけれども、大統領の権限としては、当然にできるぐらいの範囲《はんい》のものではあるでしょう。

ただ、その実情は、メキシコから合法的に移民してきて、正規にアメリカで働いている人たちを排除《はいじょ》するという意味ではありません。「国境には何も障害物がなく、麻薬《まやく》や犯罪組織などがたくさん入り込《こ》める状態で、自由に行き来ができるようになっているため、これを何とか食い止めなければいけない」という、非常に切実な問題が背景にあることは事実です。

メキシコとの国境沿いの町の人たちにとっては、本当に死活問題なのですが、そういうことをはっきり言える大統領であるということです。

あるいは、中国との問題でも、今、アメリカが二十五パーセントの関税をかけるというので、「ずいぶんクレイジーな大統領だな」と思っている人も数多くいるだろうと思います。これに対して、中国のほうも、「最高二十五パーセントの関税をアメリカにかけるぞ」と言い返したりしていることが、新聞などで報道されています。

一般的《いっぱん》には、「自由貿易こそが、世界の国々が富む方法である」というように教わっているので、多くの人は、そのとおりに受け止めているであろうと思います。

ただ、トランプ大統領の心のなかを読めば、次のようなことです。

中国は、アメリカとの貿易において、毎年三十兆円以上の黒字を出していますす。そして、中国は、国防費と称《しょう》して、毎年二十兆円の軍事費用を維持《いじ》していまます。日本のだいたい四倍ぐらいです。

「中国は二十兆円の国防費用を使っているのに、アメリカが中国を三十兆円の貿易黒字のまま儲《もう》けさせるわけにはいかない。これはやはり削減《さくげん》すべきだ」

という判断を、アメリカ大統領として下《くだ》しているのです。

この判断については、個々の商売や貿易などを考えれば、いろいろ意見はあるだろうとは思いますが、今までの歴代大統領がやらなかったこと、積み残してきたことを、今、やろうとしているのだと私は理解しています。そういうことができる大統領ではあります。

クリントン大統領の時代から始まった「中国優遇《ゆうぐう》」

始まりは、おそらくクリントン大統領のころからだろうと思いますが、ここ三十年間で、中国の経済は七十五倍になり、日本の経済は一・五倍です。

これは、どう考えてもおかしなことです。自由貿易の世界で、こんなことはあるわけがないでしょう。経済で世界第二位だった日本は、三十年間で一・五倍にしかなっていないのに、中国は七十五倍にもなっているのです。

このようなことがなぜ起きたかというと、「関税で優遇《ゆうぐう》されていた」ということが一つです。

もう一つは、「通貨の換算率《かんさんりつ》」です。これで優遇されていたから、こうなっているのです。

要するに、アメリカの歴代大統領が、〝中国が儲かるようなシステム〟を維持してきたということです。

それはなぜかというと、日本が世界第二位だったからです。「アメリカが競争する相手は日本であって、追い抜《ぬ》かれないように日本を押《お》さえつけておき、中国のほうを儲けさせ、力をつけさせて、日本とコンペティション（競争）させれば、アメリカのほうは悠々《ゆうゆう》と超《ちょう》大国でいられる」という考えだったのだと思います。

ところが、アメリカは、これだけの速度で中国が追い上げてくるとは考えておらず、二〇〇〇年代になってから、ようやく、「これは大変なことになってきた」ということが、だんだん分かってきたという状況《じょうきょう》です。

「バイ・ジャパニーズ」で米中貿易戦争の波風を乗り切る

米中の貿易戦争については、これから、好況・不況をつくり出す波となって、いろいろな企業《きぎょう》を襲《おそ》うことになると思いますが、大きな流れとしては、アメリカの判断は信用してよいと私は思っています。

ただ、中国との貿易額は、日本も最大級であるので、いろいろな企業が、その余波《よは》を受けることになるでしょう。中国で現地生産をしている企業もたくさんありますし、貿易で利益をあげている企業もあるでしょう。

しかし、そうとうな波風が来ることは覚悟《かくご》しながらも、これは国防上の観点から見ても、乗り切っていかねばならない部分だと考えたほうがよいと思います。

そういう意味において、「アメリカ・ファースト」の政策を向こうは取っていますが、日本も日本なりに、「日本でつくれるものは日本でつくり、同じようなものなら、日本のものを買う」という、「バイ・ジャパニーズ（buy Japanese）」が大事です。

要するに、「日本でモノをつくる」ということです。人件費が安いから海外でつくるという考えもありますが、やはり、日本自体に雇用《こよう》を生む方法をとったほうがよいと思います。

劇薬のように効いているトランプ大統領の経済政策

一方、アメリカのほうは、「アメリカ・ファースト」という言葉だけを聞けばエゴイストに聞こえますが、失業率は四十九年ぶりの低水準になっており、今、三・六パーセントぐらいです。

私がアメリカにいた、今から四十年近く前には、失業率はたいてい十パーセントはありましたので、それから見ると、「失業率が、（一九六九年十二月以来）四十九年ぶりに三パーセント台で、過去最低になっている」というのは、トランプ大統領の経済改革が、この二年間余りで劇薬のようにそうとう効いて

●失業率は……　2019年5月3日発表の「四月の米雇用統計」参照。

いることを意味しています。これは、職のない人に職をつくる「ジョブ・クリエーション」をやったということでしょう。

そういう意味では、日本も少し、国家としてのやり方を考えなくてはいけません。今後、いろいろな物を安く仕入れ、国内消費だけを牽引力《けんいんりょく》にして経済を拡大しようとしても、おそらく、そうはいかなくなると思われます。

したがって、なるべく、海外との関係で儲けるよりも、国内で自分たちの「雇用」や「賃金」を生み出すような仕事を増やしていく努力をするほうがよいわけです。そうしたやり方で、しばらく乗り切っていかねばならないと思います。その後、世界の流れが変わってきますので、そのときに調整に入ることはできるでしょう。

この流れの「読み」は間違《まちが》えないでください。アメリカは、独善的にやっているわけではありません。「知った上でやっている」ということです。

4 人を幸福にする政治理念③——「信仰《しんこう》」とは何か

政治学者トクヴィルが指摘《してき》した「民主主義の危険な面」

ところで、民主主義の世界については、アレクシ・ド・トクヴィルという人が、一八〇〇年代の前半にフランスからアメリカに行き、まだ二十代だったのですが、若き政治学者としてアメリカの民主政を研究して、四冊くらいになる

●アレクシ・ド・トクヴィル(1805～1859)　フランスの歴史家、政治家、自由主義思想家。主著に、アメリカ視察旅行の経験に基《もと》づいて書かれた、近代民主主義思想の古典とされる『アメリカの民主政治』等がある。

本（『アメリカの民主政治』）を書いています。そのなかで、面白《おもしろ》いことに言及《げんきゅう》しています。

先ほど、私は、「今は、民主主義と宗教が対立しがちである」ということも述べましたが、トクヴィルは、「自由ということを考えたとき、宗教があまり強い力を持っていると、『自由を侵《おか》す心配がある』と人々は考えがちだ。しかしながら、アメリカに来てみると、『そうではない』と考えられる」ということを言っているのです。

それは、いったい、どういうことでしょうか。

例えば、イスラム教のような宗教が広がった場合、イスラム教で一国を全部、統治してしまったら、それ以外の宗教は信じることができないようになりがちです。したがって、そういう意味での「国民の自由」がなくなるように見えるところはあります。

ところが、トクヴィルは、「民主主義は、気をつけないと、この世的な幸福ばかり追い続ける傾向《けいこう》が出てくるので、ともすれば唯物論《ゆいぶつろん》に傾《かたむ》いていく傾向がある。これはとても危険だ」と言っているのです。

「民主主義が唯物論のほうに走っていく」というのは、要するに、「みな、飲み食い、住居、その他、そういったことばかりに中心的な関心が出るので、これはとても危険だ」ということです。

したがって、「唯物論に走られるぐらいなら、むしろ唯心論《ゆいしんろん》のほうがいい」とトクヴィルは言っています。「唯心論」というのは「心しかない」という世界です。極端《きょくたん》ですが、「むしろ、唯心論のほうがいい。その意味で、宗教心というのは非常に大事だ」ということを言っているのです。

そのようなわけで、トクヴィルは、はっきりと次のように書いています。

「神への信仰《しんこう》がなくなったら、民主主義はこの世的なことばかりを追い求める人たちでいっぱいになってしまい、ともすれば唯物論国家になってしまう。私は、そのようになるぐらいなら、むしろ、インドの宗教などの、『人々は、ときには豚《ぶた》に生まれ変わる』というような素朴《そぼく》な転生輪廻《てんしょうりんね》、奇妙奇天烈《きみょうきてれつ》な転生輪廻の思想を信じるほうを選ぶ」と。

つまり、「こちらのほうが、まだ、人々を堕落《だらく》させない考え方だ。『人間には魂《たましい》があって、人間も豚に生まれることはある』、これはキリスト教徒には信じがたいことではあるのだけれども、唯物論に堕《だ》するぐらいなら、むしろ、私はこちらのほうを選ぶ」ということを彼は言っているのです。

要するに、トクヴィルは、「宗教は一見、自由と対立するようにも見えるけれども、そんなことはない。内心の自由が認められるということは、人間としての価値や認識力が非常に高まることになって、人間が堕落するのを防ぐ力がある」と強く言っているわけです。

トクヴィルは「共産主義の時代」が来ることを予見していた

これは注目すべき点です。ただ、トクヴィルが言いたかったことは、その当時の人々には、はっきりとは見えていなかったと思います。トクヴィルはマルクスよりも少し前の時代の人ですから、まだ、それは見えていなかったでしょう。

しかし、トクヴィルは、「後《のち》に、マルキシズム（マルクス主義）が広がって、唯物論と民主主義が合体していったら共産主義ができる。そういう時代が来る」ということを、ある意味で予見していたと思われるのです。

唯物論的な共産主義は、いちおう、「民主主義」を標榜《ひょうぼう》はしています。ただし、それは、この世の世界のみにおける民主主義、結果平等だけを求めていくような民主主義です。要するに、「お金持ちや成功者に対する嫉妬《しっと》を合理化し、そうした人たちをみな引きずり降ろして平等にする」というようなことを大義《たいぎ》名分《めいぶん》にしているわけです。

もちろん、最初は、そういう面もあるでしょう。しかしながら、暴力革命を肯定《こうてい》して、上にある人たちを引きずり降ろした結果、どうなるかというと、「富の分配」ばかりをし始めるようになり、争奪《そうだつ》戦が起きて、この世的な合理性、この世的な有利性ばかりを求めるようになるのです。

そして、「平等」のはずだったのに、いずれ、指導者が必要になるため、やはり、指導者と指導者を守る人たちが出てくるようになります。結局、官僚《かんりょう》制ができて、その上に独裁者が出てくるわけです。これが共産主義の流れです。

5　「自由・民主・信仰《しんこう》」を抑圧《よくあつ》する中国、北朝鮮《きたちょうせん》

中国共産党による支配は、日本で言えば「江戸《えど》時代」

　ちなみに、中国のなかで共産党員が占《し》めている割合は、基本的には、おそらく、日本の江戸《えど》時代に武士階級が占めていた割合と同じぐらいだと思います。一割には足りない、およそ数パーセントの人々がエリートとして、ほかの国民を指導している状況《じょうきょう》だと思うのです。

　その意味では、「進歩している」というよりは、日本で言うと、むしろ「江

戸時代のような状況に近い」と言えるのではないでしょうか。

さらに恐《おそ》ろしいことに、今、技術的なものが非常に進んできており、中華人民共和国では、「顔認証システム」といって、人の顔の形や目の形、あるいは、目の虹彩《こうさい》（虹彩認証）等を指紋《しもん》代わりに使っています。いろいろなところに監《かん》視《し》カメラがあり、それに映れば、「ＡＩ」を使って、ほんの短い時間に「誰《だれ》がどこにいるのか」を確認できるようになっているのです。

例えば、彼らから見れば「テロ犯人」と思うような人たちが、四人ほどディスコで踊《おど》っているとしましょう。そのような映像が監視カメラに映ったら、ＡＩがそれを分析《ぶんせき》して、「あそこに怪《あや》しい人たちがいる」ということで、警官が急行して逮捕《たいほ》できるようになっているのです。

これが十四億人に対してできるというのは、ある意味では恐ろしいことです。

このようなことは、過去にはできなかったのですが、今は、それができるようになっています。

つまり、中国においては、「スマホやケータイ等が、決して自由の担保《たんぽ》にはなっていない」という状況なのです。

これについては、言うことがたくさんありますが、過去にも多く語っているので、ここではそれ以上のことは言いません。

今、必要なのは、「台湾《たいわん》の価値を認めてあげること」です。日本には、彼らを後押《あとお》しできる政党がないので、幸福実現党が明確に後押ししてあげることが大事です。「どういう国家が望ましいか」をはっきりと指摘《してき》して、「望ましい国家の考え方が広がっていくことが、世界を幸福にする」ということを言うべきです。

「国民が弾圧《だんあつ》されているような国家がその勢力を広げるのは、望ましいことではない」と考えています。

露朝《ろちょう》首脳会談におけるプーチン大統領の判断の正確さ

それから、北朝鮮《きたちょうせん》についても何度も言及《げんきゅう》してきましたし、トランプ大統領が直接交渉《こうしょう》を二回なされたので、ここ一年ほどは、少しトーンを落として様子を見ていました。

去年（二〇一八年）は前進するかに見えましたが、今年の二月の会談は、物別れに終わりました。

そのあと、金正恩《キムジョンウン》氏はロシアに渡《わた》って、プーチン大統領と会いました。彼は、プーチン大統領から経済的な後押しをもらおうと思っていたらしいのですが、

●今年の二月……　2019年2月27〜28日、ベトナム・ハノイにおいて、アメリカのトランプ大統領と北朝鮮の金正恩委員長が2回目となる米朝首脳会談を行った。

結果的には、プーチン大統領は、「アメリカの言うとおり、核《かく》兵器を完全になくすべきだ」と言っています。つまり、「段階的にではなくて、一括《いっかつ》して処理すべし」ということでしょう。やはり、プーチン大統領は偉《えら》いですね。「これは偉い」と思いました。

今、アメリカとの仲をいろいろと取り沙汰《ざた》されているけれども、これについては一線を守りました。彼が、「戦略的には、北朝鮮よりは日本と近づいたほうがよい」とはっきり判断していることは、これで分かります。

日露《にちろ》平和条約締結《ていけつ》を難しくした安倍《あべ》首相の一手

日本としては、今、ロシアに中華人民共和国とあまり仲良くされても困るところではあるのですが、ここの部分で、日本は間違《まちが》った一手を、すでに打ってしまいました。

ウクライナ問題で、EUがロシア制裁に入ったのにジョイン（参加）して、安倍《あべ》首相もロシアへの経済制裁に加わりました。

これによって、北方四島が還《かえ》らない状態となり、日露《にちろ》平和条約が極《きわ》めて結びにくい状態になったのです。安倍首相自身が打った手によって難しくなり、今、また平和条約を結ぼうとして動いていますが、それが進まない状況になっています。

ここのところは、やはり、もう少しよく考える必要があったと思うのです。日本にとって、ウクライナは遠いため、「どういう国なのか分からない」というのが本当のところだと思いますが、第二次世界大戦で、ヒットラーがソ連に勝てなかったのも、ナポレオンがモスクワ遠征《えんせい》をして最後に敗れたのも、やはり、このウクライナという地域があったからなのです。

ウクライナは、ソ連、あるいはロシアの国防にとっては、極めて大事な地域であり、もしウクライナがＥＵに入って、そこにアメリカ製のミサイルを並べられたら、モスクワは、すぐに陥落《かんらく》寸前まで行ってしまいます。

その意味で、ここはロシアにとってはそ

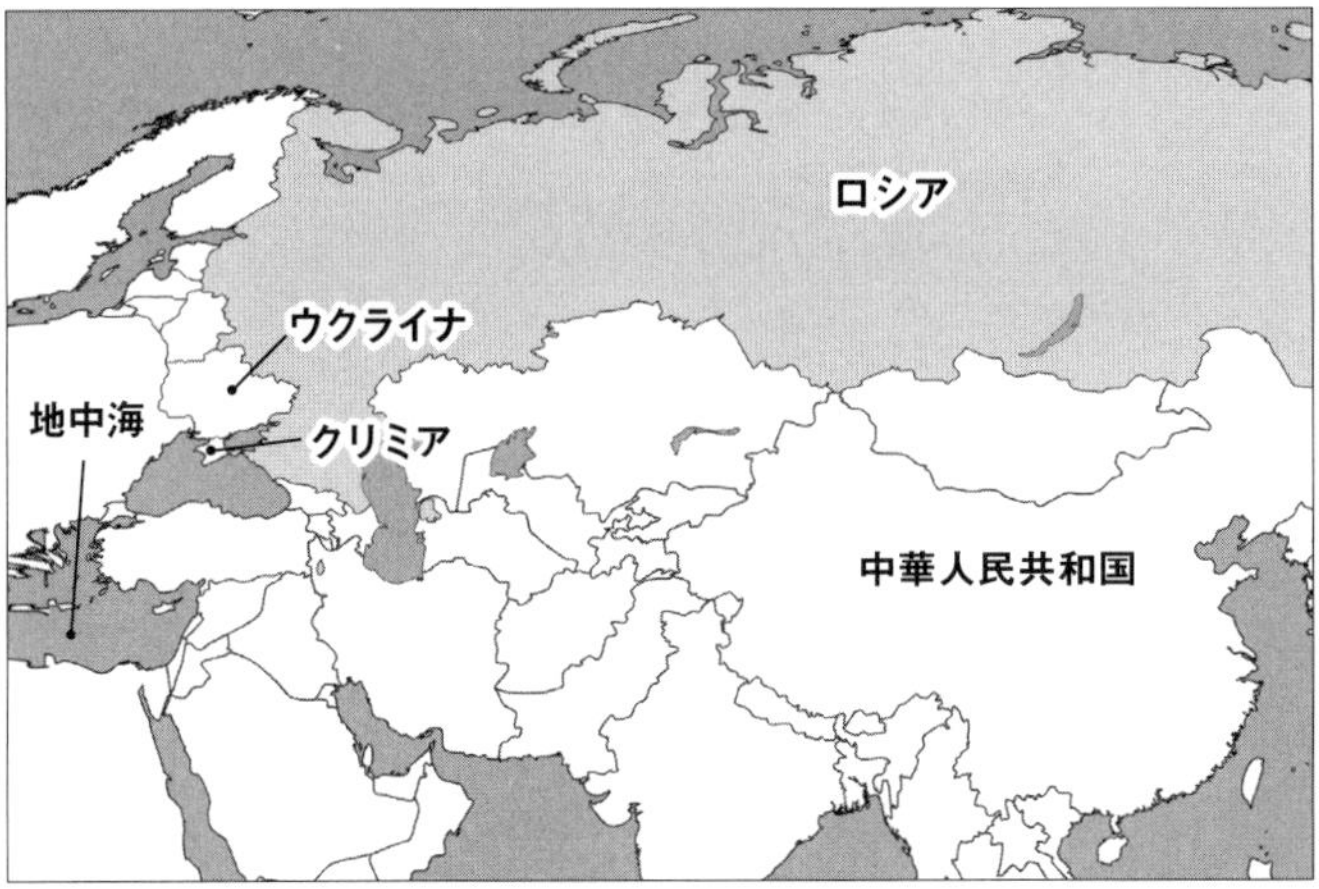

ロシアの国防上、ウクライナやクリミアは重要な位置にある。

うとうシビアな問題であり、このあたりはよく理解してあげる必要があったと思うのです。

私としては、「日本は勇断して、ロシアを今の●G7《ジーセブン》に加え、元のG8《ジーエイト》にするべきだ」と思います。

そうすれば、平和条約は進展するはずです。北方四島の問題はありますが、どうせ、今のところ還ってくる見込《みこ》みがないので、そうであれば、両国の関係を、どんなかたちでも進めていったほうがよいのではないでしょうか。

これについては、今後の国際情勢に合わせて、また言うべきことがあると思います。

●**G7とG8**　G７とは、日本、アメリカ、イギリス、フランス、ドイツ、イタリア、カナダの７つの先進国のこと。1998年にロシアが加わりG８となったが、ウクライナ情勢を受けて資格停止となり、2014年以降はG７となっている。

6　韓国《かんこく》の「民主主義の変質」と「国の未来」

「反日全体主義」傾向《けいこう》が出ている韓国の問題点

もう一点、言っておかねばならないのは、韓国《かんこく》のことです。私は、北朝鮮《きたちょうせん》については数多く申し上げていますが、韓国については、従軍慰安婦《いあんふ》問題のときなどに、たまに意見を言ったりはしたものの、あまり多くを語っていません。日本には、韓国系の方々も数多くいますし、国民性としても、日本に対しては非常に複雑な感情を持っていることは、私もよく知っています。

そういう意味で、私は、民族差別的なことは基本的には言っていませんし、従軍慰安婦についても、事実だけを問題としているのです。

私自身は、「タイムバック・リーディング」「タイムスリップ・リーディング」で、時間と場所を特定すれば、「その時代に何が起きたか」を視《み》ることができます。●それによって事実を認識して、違《ちが》うものは「違う」と言っているだけで、民族差別とか、日本優位主義とか、そういうことを言っているわけでは一切《いっさい》ありません。

そのように、一部のことについて述べたことはありますが、韓国についての言及《げんきゅう》は控《ひか》えていたの

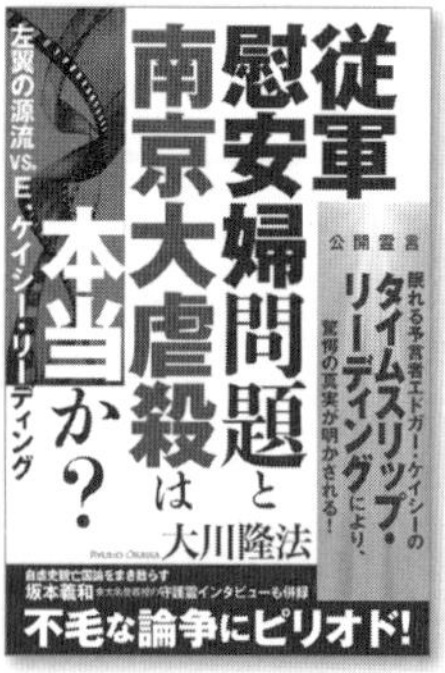

●それによって事実を……　左から、『従軍慰安婦問題と南京大虐殺《ナンキンだいぎゃくさつ》は本当か？』（幸福の科学出版刊）、『神に誓《ちか》って「従軍慰安婦」は実在したか』（幸福実現党刊）参照。

も事実です。

ただ、三月三十日に、東京正心館《しょうしんかん》において、幸福実現党の釈《しゃく》党首と対談を行《おこな》った際、聴衆《ちょうしゅう》から、「韓国について聞きたい」という感想がありました。

●このときは、五人ほどの質問に答えました。報道陣《じん》も会場に入れていたので、マスコミの方も一生懸命《いっしょうけんめい》に手を挙げていましたが、後ろのほうだったので当たらなかったのです。

ちなみに、今日、みなさんに配られた資料のなかに、「今日の講演会の感想、あるいは、今後、聞きたい法話《ほうわ》のテーマなどがあったら書いてください」という用紙があると思いますが、私は、毎回、みなさんの感想を読んでいます。

●このときは……　『夢は尽きない』（幸福の科学出版刊）参照。

三月三十日の対談「夢は尽《つ》きない」の感想として、名前を出してよいのかどうか、失礼に当たったら許していただきたいのですが、確か、夕刊フジの記者の方が、「大川総裁が、韓国問題についてどう考えているのか聞きたかったです」ということを書いていました。

それを読んで、「確かに、あまり言っていないな」と思い、せっかくご質問があったので、短い時間ではありますが、今、考えていることをお答えしたいと思います。

「光州《こうしゅう》事件」に見る韓国《かんこく》の軍事独裁

韓国《かんこく》の状況《じょうきょう》に関して、一般《いっぱん》的には、「自由と民主主義の国だ」と思われていますが、やはり、「若干《じゃっかん》、変質している」というのが、私の現在の認識です。

最近のことではないのですが、一九八〇年に、「光州事件《こうしゅう》」という出来事がありました。これは、韓国の南西部に当たる光州というところで、学生が民主化デモを行い、それを軍隊が弾圧《だんあつ》して死傷者がたくさん出たにもかかわらず、一切報道させないようにシャットアウトしたという事件です。

また、この事件においては、日本に駐在《ちゅうざい》していたドイツのジャーナリストがソウルに飛び、ソウルのタクシードライバーに頼《たの》んで、山越《やまご》えをして光州まで入り、現地をフィルムに収めて世界に発信したという事実があります。

この実話をもとにつくられた映画「タクシー運転手」（二〇一七年公開／クロックワークス）は、千数百万人を動員し、韓国人の五人に一人は観《み》たというほど、評価のある映画となっています。

●光州事件　1980年5月、戒厳令《かいげんれい》下の韓国で、民主化を求める学生と、実権を握った全斗煥《チョンドゥファン》の戒厳軍が光州市で衝突し、武力鎮圧により多数の死傷者を出した事件。デモ参加者は約20万人で、200人以上が死亡・行方不明になったとされるが、実際の犠牲者は2000人とする説もある。

ただ、その映画を観ると、あの韓国が、当時は本当に軍事独裁の状態にあり、一切の情報を遮断《しゃだん》され、ソウルにいる人たちも知らないようなことが、光州では行われていました。そして、学生たちがどんどん弾圧され、射殺されるという事件が、ドイツのジャーナリストによって、映像に収められていったわけです。

これは、中華《ちゅうか》人民共和国の天安門《てんあんもん》事件に先立つこと九年前の事件です。天安門事件は、その九年後の一九八九年五月から六月にかけて起きた事件ですが、同じことが、韓国では九年前に起きていました。独裁で軍部をつかんだ大統領が、国民を抑《おさ》え込《こ》むという体制が、そのときにはすでに出来上がっていたわけです。

その後、韓国でも民主化の動きが出てくるわけですけれども、残念ながら、その民主化もあまりうまい具合には進んでいません。

●**天安門事件**　1989年6月4日、中国・北京《ペキン》の天安門前にある大広場で、学生を中心とした一般市民が民主化を求める抗議デモを行ったのに対し、中国政府は人民解放軍を投入。戦車等を出動させ、市民に向けて発砲するなどして武力制圧し、多数の死傷者を出した。「血の日曜日事件」とも言われる。

今の韓国においては、右翼《うよく》・左翼、あるいは保守派・革新派の両方とも、「反日」については同じであり、反日ということを軸《じく》にした「反日全体主義」的な傾向《けいこう》が出てきています。これは、ある程度「ファシズム」と言ってもよいのではないでしょうか。政府が音頭《おんど》を取って、「右でも左でも、反日の運動だったら国民は結束する」ということをやっているので、精神的には非常に安定しない状態だと思います。

トランプ氏が文《ムン》氏との会談を「一、二分だけ」にした意味

そうしたなかで、左翼の大統領として、今の文在寅《ムンジェイン》大統領が出てきました。提言している政策自体を見ると、「太陽政策」などと言うと聞こえは非常に

よいのですが、文在寅氏は、今やりたいこととして、「反日を軸にして南北朝鮮を一つにする。できれば、経済制裁を早めに解除し、北に経済援助《えんじょ》を与《あた》えることによって、核《かく》兵器を完全廃絶《はいぜつ》される前に南北を統一してしまいたい」ということを考えていると思います。心のなかで考えていることは、そういうことです。

核兵器を持ったままで南北統一ができたら、「統一朝鮮」、あるいは「統一高《こう》麗《らい》」かもしれませんが、「人口八千万人の、核兵器を持った非常な強国ができる可能性がある。そうすれば、今までの過去のいろいろな苦しみや差別を、すべて見返すことができる」という考え方を持っているのではないかと思います。

ただ、その文在寅氏がアメリカに行ったときには、トランプ大統領は記者会見に時間を割《さ》いたため、会談は一、二分だけになっていました。「一、二分しか会談しなかった」ということは、トランプ大統領は「彼の態度を認めない」ということです。

要するに、文在寅氏には、「早く経済援助をして、北を楽にしてやろう」という裏の魂胆《こんたん》があるわけです。しかし、今、経済援助をすれば、北朝鮮の力はすぐに復元してくるので、今まで北朝鮮に対して行ってきた、平和的な経済制裁による核削減《さくげん》運動が、無《む》に帰《き》してしまいます。ですから、トランプ大統領は、「それは聞くわけにいかん」と言って、一、二分しか韓国の大統領を相手にしなかったわけです。

一方、安倍《あべ》政権は今どうしているかというと、韓国に関しては「戦略的無視」という態度を取っています。日本にしては珍《めずら》しいことです。

ちなみに、オバマ大統領のときには、面白《おもしろ》いことに、北朝鮮に対して「戦略的忍耐」という言葉を使っていました。そのように、「戦略的忍耐」と言う大統領もいましたが、今の日本の内閣は、「戦略的無視」ということをしている
そうです。「無視」とは、つまり、「ネグレクト」です。

確かに、「お金を出して協力する」という話をしても反日運動をされるし、
「協力はしない」と拒絶《きょぜつ》しても反日運動をされるし、黙《だま》っていても反日運動を
されるというように、何をしても反日運動になるので、「もう相手にしないの
がいちばん」という判断になったのでしょう。ある意味では賢《かしこ》いのかもしれま
せんが、長く続くことではないだろうと思います。

映画「ユリョン」の評価の差に見る日本と韓国《かんこく》の意識格差

韓国《かんこく》の人々にも、かわいそうなところはあるのです。〝洗脳〟はだいぶされていると思います。光州事件のときも国民は知らされていなかったし、反日映画をたくさんつくって流されています。

昨日《きのう》、私は、「ユリョン（幽霊《ゆうれい》）」（一九九九年公開／日活）という二十年前の韓国映画を観ました。「ユリョン」というのは、韓国の原子力潜水艦《せんすいかん》の呼び名です。韓国がロシアから秘密に入手していた原子力潜水艦が、日米にその存在を見つけられたことで、極秘任務に就《つ》くことになります。

その乗組員は全員、名前が分からない、亡《な》くなったことになっている人を集めていて、証拠《しょうこ》を残さないために最後は自爆《じばく》するつもりで、対馬海峡《つしまかいきょう》からマリアナ海溝《かいこう》に抜《ぬ》けていく道を深く潜《もぐ》っていくのですが、実は、この原潜には核ミサイルも積んでいました。国籍《こくせき》不明の幽霊のようなかたちで日本へ行き、「自爆する前に、日本に一矢報《いっしむく》いてやりたい。ハッチを開いてミサイルを撃《う》ちたい」という気持ちがあったのです。

途中《とちゅう》、日本の潜水艦に遇《あ》い、魚雷《ぎょらい》等で二、三隻沈《せきしず》めたあと、沖縄《おきなわ》に向かって進んでいる最中《さなか》に、副長が艦長を殺し、潜水艦を乗っ取ってしまいました。そして、ハッチを開け、日本に対して核ミサイルを撃つ準備までしていたところを、勇気ある乗組員が反乱を起こします。副長と戦って時間稼《かせ》ぎをしているうちに、ユリョンに沈められた報復に来た日本の潜水艦に魚雷を二発撃たれ、沈められてしまうというストーリーでした。

　これは、一九九九年の映画で、「ノストラダムスの予言」が話題となっていたころの作品であり、韓国ではヒットしましたが、日本ではさんざんな評価でまったくヒットせず、私も当時は上映されたことを知らなかったぐらいです。

　しかし、そのなかには、韓国の人の非常に屈折《くっせつ》した考え方や心情がよく表されています。日本に対して核ミサイルを撃ち込みたいぐらいの気持ちがあっても、それだけで解決するわけではないという考えなのでしょう。

　映画では、「日本では原子力潜水艦がすでに完成している」という情報を得ていたため、先にやってしまおうと、その「ユリョン」が日本の各都市に向けて撃とうとしていたところに、反乱が起きたという設定でした。

　これは、韓国では非常にヒットし、「韓国のアカデミー賞」と言われるようなもの（大鐘賞《テジョンしょう》）を六つも受賞した映画なのです。

このようなものが、韓国の人々の共感を呼ぶというのが現実ですけれども、ほとんどの日本人は、そんなことはまったく想像していないでしょう。

日本人には、今、北朝鮮の脅威《きょうい》に対して、韓国とアメリカと日本とが協調してやっていると思っている人も多いかもしれませんが、韓国人は、今述べたようなことを考えている国民なので、意思の疎通《そつう》が十分にはできていないわけです。

ただ、そういうことを抜きにしても、やはり、「大きな目で見て、包んでいかなければならない」と、私は思っています。

いずれにせよ、韓国という国は、中国の支配下に置かれるか、ロシアの支配下に置かれるか、アメリカの支配下に置かれるか、あるいは、かつての日本のようなかたちで支配下に置かれるか、常にどこかの大国の影響《えいきょう》下でしか存在できていないのです。

日韓請求権協定《にっかんせいきゅう》は、日本が取れるもののほうが多かったから結ばれた

韓国《かんこく》は、日本に対しても悪いことをずっと言っています。「従軍慰安婦」から始まり、最近では、「元徴用工《ちょうようこう》」の問題を日本の最高裁に当たるところ（大《テ》法院《ポブォン》）までが認めるなどしていて、日本においても、「ちょっと信じられない」という意見がマスコミでも主流になっていると思います。

徴用工の裁判といっても、すでに七、八十年も昔の話でしょう。日本国籍だった韓国の人たちが、新日鉄系の大企業《だいきぎょう》等において非常な虐待《ぎゃくたい》のような感じで働かされたとして、それに対する補償《ほしょう》をせよとのことですが、ああいったものを認めると、最大で二兆円も払《はら》わなければならなくなるかもしれないのです。

しかし、一九六五年、朴正熙《パクチョンヒ》大統領のときに、「日韓の補償関係については相《そう》互《ご》に放棄《ほうき》する」ということで約束は終わっています（日韓請求《せいきゅう》権協定）。

「なぜ放棄したか」といっても、これは「相互に」放棄しているものなのです。当時、韓国が日本から取れるものよりも、日本が韓国から取れるもののほうが多くありました。そのため、あちらにとっては補償を放棄したほうがよかったわけです。

例えば、かつて朝鮮半島にあった学校は百校程度だったと言われていますが、日本との併合《へいごう》後は数千校まで増えているのです。これは、日本がつくったインフラです。そのほかにも、道路や橋など、さまざまなものをつくっています。今の北朝鮮のほうにも水力発電所をつくりました。

「当時の日本が投資した額」と「向こうが損をしたと思う額」とを比べてみ

ると、日本が取り戻《もど》せる額のほうが圧倒《あっとう》的に多いと言えます。そうであるならば、韓国としては請求権を放棄したほうが賢いので、ああいうことになったわけです。

それを、「従軍慰安婦問題」や「徴用工問題」など、いろいろなかたちで何度も何度も蒸《む》し返しているのですが、あれは、国内政治が悪い分を外国に振《ふ》り分けていると言えるでしょう。つまり、「反日ということであれば南北統一できる」ということであり、言わば、今、〝一種のファシズム状態〟が起きつつあるわけです。

(左) 日本統治時代に建設された水豊《すいほう》ダム (現・北朝鮮平安北道北部)。現在も、北朝鮮の重要な電力供給源となっている (毎日新聞社「昭和史　別巻1」より)。
(右) 日本統治時代に設立された京城《けいじょう》帝国大学 (現・韓国ソウル特別市)。

7 「自由・民主・信仰《しんこう》」を世界へ

日本政府は拉致《らち》問題を起こした北朝鮮《きたちょうせん》に損害賠償《ばいしょう》を請求《せいきゅう》せよ

北朝鮮《きたちょうせん》のほうは、ファシズムなど、とっくに超《こ》えているでしょう。こちらは、軍事独裁専制国家であり、もはやファシズムなどというものではありません。もっと行っています。

安倍《あべ》首相は、「北朝鮮拉致《らち》問題の被害者《ひがいしゃ》を連れ戻《もど》すために、無条件で金正恩《キムジョンウン》氏と話をしたい」などと言っているものの（説法《せっぽう》時点）、「無条件で」というところに、私は非常に引っ掛《か》かってしかたがないのです。

金正恩氏の父親の金正日《キムジョンイル》氏は、「北朝鮮の〝軍事演習〟として、実際に、日本海側から日本人をさらった」ということを認めました。それを認めることによって、「拉致被害者を返してほしければ、日本は百億ドルを払《はら》え」という条件がついていたわけです。百億ドルであれば日本円で一兆円を超えますが、金正日氏はこれを取り損《そこ》ねたまま死んでしまいました。

したがって、息子《むすこ》の金正恩氏が安倍首相と無条件で交渉《こうしょう》をしたとして、何人返せるかは知りませんが、「もし、二人か三人返したら、百億ドル以上、身代金を払ってくれ」という条件を呑《の》むというのであれば、私は、これをすっきりと呑むことはできません。

〝軍事演習〟か何か知りませんが、潜水艦《せんすいかん》等で日本の近くまで来て、日本人をさらっていったのは向こうが悪いのですから、やはり、損害賠償《ばいしょう》をすべきなのはあちらのほうです。まあ、お金はないでしょうけれども。

「損害賠償ができないのであれば、せめて、日本海の目に見えるところで核《かく》兵器を沈《しず》めてください。それを代金として、こちらは数えてあげますから、目の前で沈めてください」と、そのくらいの条件をつけなければ、やはり駄目《だめ》でしょう。一兆円も払って、「はい、ありがとうございました」などと言うような、そんな総理大臣は要《い》らないので、もう辞《や》めてください（会場拍手《はくしゅ》）。

「善悪をはっきり言えない、正義をはっきり言えない国家というのは、世界のリーダーとしては成り立ちえない」と、私は思っています。

今、「善悪」や「日本の未来」を理路整然《りろせいぜん》と語れる議員はいるのか

私たちは、これからも「正義とは何か」を言い続けます。

幸福実現党は、すでに、政党としての基盤《きばん》の部分はできつつあります。ただ、全国に政党の支部がきっちりとはできていないので、十分ではありませんけれども、かたちはできつつあります。これから、幸福実現党のみなさんは、一般《いっぱん》の日本人の方々にも支持を取り付ける時期に入っています。

今、幸福実現党以外に正論が言えるところはないのです。

ほかの政党には国会議員になっている人が数多くいますけれども、個人個人に意見を言わせてみてください。幸福実現党の人のように、「善悪とは何か」

「日本の未来とは何か」といったことについて理路整然と語れる人はほとんどいません。

ですから、中身を見てください。中身で判断してください。

それが、「平等の国」であり、「自由の国」であり、「民主主義の国」である日本が、「信仰《しんこう》」とも両立して生きていく方法だと思います。

アメリカは、自由で民主主義の国であるとともに、神への信仰を持っている国です。リンカン大統領から現在のトランプ大統領に至るまで、神に対して祈《いの》っているでしょう。

そのように、神に対して祈ることを当たり前とする国が多数決を取ったら、神様の心に近づこうとするのは当然のことではありませんか。だからこそ、人間がつくった法律以上の、道徳律の高い政治が実現できるのです。

したがって、私は、この信仰の世界を自由と民主に取り込《こ》んでいくことは、非常に大事なことだと思っています。

これが、日本の未来です。世界の未来です。こうあらねばなりません！（会場拍手）

「自由・民主・信仰《しんこう》」の価値観を持つ国を増やすのが幸福実現党の目的

幸福実現党立党十周年に当たり、「自由・民主・信仰《しんこう》」――この名の下《もと》に、この国を改造していきたいと考えています。また、アジア諸国、あるいは世界の諸国のなかに、同じ価値観を持つ国々を数多くつくっていきたいのです。

これから宗教対立も数多く起きてくるでしょうが、これについても解決していきたいのです。共産主義の問題を解決したら、次は、おそらく、イスラム教の問題になるでしょう。

本講演にはイランの代表の方も来ているかもしれませんけれども、イランやイスラエルの対立等の問題をどのように解決するのか。これは、日本から遠いところの問題ではありますが、宗教的にも解決する必要があると思っています。

私は、キリスト教も天上界《てんじょうかい》から指導しました。イスラム教も指導しました。

そして、アッラーは、今、何も言葉を降ろしません。

地上にいる私が、「神の言葉」を伝えることができます。

私がイスラム教国も救えます（会場拍手）。

ですから、幸福実現党のみなさんには、もっと力を持っていただきたいと思います。自信を持って、もっともっと多くの力を集めていこうではありませんか。

第2章

繁《はん》栄《えい》を招くための考え方

二〇一八年十一月二十五日　説法《せっぽう》
北海道・千歳《ちとせ》市民文化センターにて

1　現代文明を揺《ゆ》るがす天災や電気事情

天変地異が多かった平成の時代

北海道では、今年（二〇一八年）の九月に大きな地震《じしん》（北海道胆振《いぶり》東部地震）があり、「何もしてあげられなかった」という気持ちがありましたので、「何とか行けたら」と思っていました。そのため、本講演を、震源にもわりに近い千歳《ちとせ》で、年内（二〇一八年十一月二十五日）にさせていただきました。

そのようなわけで、多少、北海道色が強いかもしれませんが、全国および世界の読者が目を通すことを考えて、北海道のことを念頭に置きつつも、一般的《いっぱん》な内容についても述べるものにしたいと考えています。

北海道の九月の地震は震度七ぐらいあったようで、映像等では観《み》ましたが、地元の方々にはショックだっただろうと思います。これ以前にも、阪神《はんしん》・淡路《あわじ》大震災（一九九五年）あたりから始まって、東日本大震災（二〇一一年）もありましたし、熊本《くまもと》地震（二〇一六年）もあったように、大きな地震が続いています。

本章講演の本会場となった千歳《ちとせ》市民文化センターの当日の様子（2018年11月25日）。

また、台風による災害や洪水《こうずい》、津波《つなみ》、その他、いろいろな天変地異も続いています。平成の三十年間全体を見ると、「名前に合わず、天変地異が多かったな」という感じがします。

来年（二〇一九年）は、元号《げんごう》も変わって新しい時代を迎《むか》えようと準備をしているところですが、私の見るところ、それほど手放しで喜べるような明るい未来が待っているとは、今のところ思えません。十分に厳しいなかを、みなさん、手探《てさぐ》りで進んでいかねばならないのではないかと思います。

人類が築いた文明というのは、確固としたもののようにも見えますが、意外にやわなもので、ちょっとした地震や津波、あるいは、台風等で、大きく根本《こんぽん》から揺《ゆ》さぶられる性質を持っています。これは、今回の北海道の地震で、みなさんも感じられたことであろうと思います。

●かなりの部分が停電に……　2018年9月6日、北海道の南西部地方で震度7の地震が発生（北海道胆振《いぶり》東部地震）。震源近くにある道内最大の火力発電所が緊急停止したことなどに伴い、北海道全域で停電した。その後、9月8日には99パーセントまで復旧したが、完全復旧は10月4日となった。

シドニーで経験した、今回の北海道のような「大きな停電」

今回、北海道はかなりの部分が停電になったようで、電気事情に関しては意外にもろいところがありました。

それまで、私は、「日本は停電しないものだ」と思っていました。日本は台風も多いし地震も多いので、十分に準備はできており、ほかの国では停電が多くても、日本ではそれほど起きないものだと思っていたのです。しかし、今回はけっこう大きな停電がありました。

ただ、私も、外国などでは、そうした経験をしたことはわりあい多いのです。

例えば、第一回のシドニー講演会のときにも、その翌日に〝ホテル丸ごと停

●第一回のシドニー講演会　2009年3月29日、オーストラリアのシドニーで、“You Can Be the Person You Want to Become”という演題で英語講演を行った。『大川隆法 オーストラリア 巡錫の軌跡』（幸福の科学出版刊）参照。

電〟ということがありました。

しかも、それが一晩と少しぐらい続いたので、「これはきついなあ」「先進国でこんなことがあってよいのだろうか」というようなことを感じたのです。

そのため、一緒《いっしょ》に行っていたスタッフが、「このままでは何もつくれませんから」ということで、隣《となり》の町まで歩いて買い出しに行ったこともありました。そこにコンビニがあったのかどうかは知りませんが、何か日本食に似たような物を買ってきてくれて、食べたのを覚えています。

そのときに、海外伝道用の英会話の単語集や例文集等をつくっていたのですが、最初のころの例文集に、〝black《ブラック》-out《アウト》〟という単語を入れて、「停電」（それによって真っ暗になること）というような原稿《げんこう》を、シドニーで書いたのを覚えています。おそらく、上級あたりの英語テキストだったと思います。

●上級あたりの……　『上級英語伝道入門 第１集』（宗教法人幸福の科学刊）参照。

ドイツ、北海道、インドでも不安を感じた電気事情

　また、最近では、●十月にドイツに行って講演会をやりましたが、そこも電気事情があまりよろしくなくて、少し不安を感じました。

　そもそも、私の場合は、電気の使用量が多いので、電気がいつ切れるか分からないという不安を覚えることが多いのです。それは、私が温度調整にけっこううるさいからです。なぜなら、気温が変わると、すぐに鼻が詰《つ》まったり声が変わったり、風邪《かぜ》気味になったりするので、気をつけているわけです。このように人前で話をする仕事というのはとても敏感《びんかん》なので、環境《かんきょう》を一定にして変えないようにするために、非常に準備が要《い》ります。

●十月にドイツに行って……　2018年10月7日、ドイツのベルリンで、"Love for the Future"という演題で英語講演および質疑応答を行った。『Love for the Future』(英日対訳。幸福の科学出版刊)参照。

そのため、今回、北海道での講演に当たっても、舞台《ぶたい》の入《はい》り口から控《ひか》え室まで、裏側は電気ストーブがズラッと並んでいました。それで、私は「これは、大丈夫《だいじょうぶ》だろうか？　全部パッと消えることはないだろうか」と心配になりました。もちろん、秘書は「いや、大丈夫です」と言っていたのですが、私は「本当かな。大丈夫かな」と思っていたのです。

なぜかというと、本講演の前日に泊《と》まったホテルが、夕方の四時台の後半に、十五分ぐらいブラックアウトしてしまったからです。そのときは、電気が止まってしまって、ライトがつかなくなったにもかかわらず、館内放送も何もなく、何だか分からないうちに復旧していました。

私などは、「なぜ、放送がないのだろう。普通《ふつう》はあると思うのだが、慣れているからこうなのかな」と思ったのですが、近代的であるのが当たり前のものが、当たり前でなくなる事態があるということは、ときどき経験してみるとよく分かります。

もちろん、私も、インドへ行ったときには最初から諦《あきら》めてはいて、「停電など、しょっちゅうあること」だとは思っていました。

案《あん》の定《じょう》、インドに行ってみると、エレベーターで上がっている途《と》中《ちゅう》で停電になったことがあって、これには参りました。「エレベーターなのだから、到着《とうちゃく》するぐらいまでは何とかもってくれよ」と言いたいのですが、上がっていく途中で、「電気が止まりました」というような状況《じょうきょう》だったのです。

そのため、「いつ直るんですか」と訊《き》くと、「分かりません。よくあることですから」というような返答でした。

そのころは、汽車の時刻表などについても、「インドでは、九時間ぐらい遅《おく》れることは普通です」と言われていて、「それは根気が要ることだなあ」と思ったのを覚えています。ただ、そういう経験を通しながら、いろいろなところが、どんどんどんどん、便利になっていってはいます。

2 「長期不況《ふきょう》の原因」と「アメリカの意図」

長期不況の引き金、「拓銀《たくぎん》」「山一《やまいち》」倒産《とうさん》が起きた真の原因

そのように、発展途上《とじょう》国においても、少しずつ少しずつ、いろいろな点が改善されていっているので、日本なども「先進国だ」と思ってあぐらをかいていると、さまざまな面で追い抜《ぬ》かれていることはよくあります。その意味では、油断大敵《ゆだんたいてき》であると思っています。

特に、この三十年ほどは、日本にとってはたいへん厳しい時代だったのでは

ないでしょうか。戦後、日本は何十年か絶好調で走ってきたのですが、一九九〇年代に入ってからあと、崩《くず》れ始めました。

ただ、当初は、みな「バブル崩壊《ほうかい》」と言ってはいましたが、「一時期悪くなっても、二、三年か、三、四年ぐらいの景気循環《じゅんかん》で、またすぐに回復しますよ」と、高をくくっていた人が大部分ではありました。

ところが、日本の経済状況《じょうきょう》は、一九九〇年代の後半から、またもう一段、厳しさを増すようになりました。

その決定的な引き金、要するに短期的な不況ではなくて、長期化していく不況になった決定的な引き金は、やはり、「北海道拓殖《たくしょく》銀行の倒産《とうさん》」（一九九八年）と「山一證券《やまいちしょうけん》の倒産」（一九九七年）の二つを、国が止められなかったあたりにあったような気がしてなりません。

結局、「景気循環のなかの不況だから、何社か潰《つぶ》れてもまた回復する」と、甘《あま》く見ていたところはあったのでしょうが、それ以降、日本は、意外に長い長い不況のトンネルをくぐることになったように感じています。

一九九〇年代後半に日銀特融《とくゆう》が発動されなかった理由

その当時も、幸福の科学は、かなり政治的な影響力《えいきょうりょく》を持っており、「幸福の科学が与党《よとう》の応援《おうえん》に入ったら、政権が安定する」という定評はありました。当会は、与党（自民党）の応援に入っていたので、かなり、与党との連絡《れんらく》などもできるような状態だったのです。

ただ、一九九五年に宗教法人法の「改正」があり（一九九六年施行《しこう》）、宗教を監視《かんし》するような流れが全体に出てきたので、若干《じゃっかん》、私たちも〝ヘソを曲げた〟状況になっていたところはありました。そのため、通常なら、すぐにアクションを起こすところを起こさずに、「政治家のお手並み拝見」というようなところが少しあったことは事実です。

あのとき、北海道拓殖銀行には私の友達も何人かはいたのですが、今にして思えば、拓銀の倒産や山一證券の倒産を、止めようと思えば止めることはできたのです。

しかし、それをやらなかったことを、今は少し悔《く》やんでいます。まさか、これほど、国のほうに機動力がないとは思わなかったので、やや信じられない面はありました。

当時、私は、大蔵《おおくら》大臣（三塚博《みつづかひろし》氏）が信者だったこともあって、「日銀特融《とくゆう》

（日本銀行による特別融資）の発動を提言しよう」と思ったのですが、「これは、政治家が政治家として、自分で責任を取るべきことかな」と思って言わなかったのです。しかし、今にして考えれば、「言うべきだったかな」と思っています。

北海道の人たちにとっては、「北海道拓殖銀行が潰れる」などということは、考えられもしない事態だっただろうと思います。拓銀は最も安定した企業《きぎょう》の一つだったでしょうし、「その銀行がなくなってしまったら、いったいどうすればいいのか」というような感じだったと思うので、その後も、中小企業を中心に、たくさん潰れたのではないかと思います。

なぜ、多くの企業が倒産する前に、日銀特融を発動できなかったのかなということを考えてみると、政治家など、国の多くの人たちが、アメリカが目指していたものを理解できなかったからだと思います。

当時のアメリカは、「日本の金融機関をいじめて、中国の経済を持ち上げる」という政策を持っていて、私は、それを分かってはいたのですが、「日本が見事にその罠《わな》にかかって、不況が二十年、三十年続くところまで行く」とは思ってはいなかったので、残念です。

今の日銀の金融《きんゆう》政策では「デフレ脱却《だっきゃく》」が難しい理由

なぜ、それを今述べているかというと、次のようなことがあるからです。

最近、日銀の黒田《くろだ》さん（黒田東彦《はるひこ》・日本銀行総裁）は、〝お金をジャブジャブにする政策〟をとっています。「マイナス金利政策」までとって、とにかく、お金を大量に市場に出していますが、要するに、人工的にインフレを起こそうとしているのです。

お金が余ったら、当然ながら、物が値上がりしてきたり、いろいろな投資が進んだり、消費が進んだりし始めるはずですから、金融《きんゆう》政策でそれができるのであれば、景気は回復するはずです。

しかし、今ごろになって、お金をこれほど〝ジャブジャブに出す〟ぐらいなら、一九九〇年代の後半に、金融機関や商社をはじめ、いろいろな会社が「貸し剝《は》がし」でたくさん潰れていた時期に、日銀が今のようにお金を出しておけば、あるいは、今ほどの額でなくても、緩《ゆる》めて出しておけば、救えたところはかなりの数あったでしょう。

ところが、その時点で、第一段階として、「金融機関は国が絶対に潰さない」

という方針が壊《こわ》れたことによって、「信用」というものが失われました。

また、第二段階として、「金融機関がメインバンクであれば、メインバンクは貸出《かしだし》先の企業を護《まも》る」、あるいは、「メインバンク、準メインバンクあたりは、貸出先の企業を潰さないために、いっぱいいっぱいまで頑張《がんば》る」というのが二番目の「信用」だったのですが、これもなくなって、残念ながら、金融機関への信用が失われてしまいました。

ちなみに、「アベノミクスがあって景気が拡大した」というようにも言われたり、「株価が上がった」というようにも言われたりはしていますが、よく見てみると、金融機関関係の株価は上がっていません。ということは、「信用がここにはない」ということでしょう。

そのようなわけで、全体の株価が平均して上がったように見えても、「金融機関のところの信用が上がらない」ということは、先行き、「企業が融資を受けて発展し、そのお金を利子と共に金融機関に返して、また大きくなっていく」という景気の好循環が、基本的に起きないことを意味しています。

したがって、「デフレ脱却《だっきゃく》」などと言っていますが、今のままであれば、はなはだ困難な状況にあるのではないでしょうか。

こうした金融政策でお金を〝ジャブジャブにする〟ぐらいであれば、やはり、一九九〇年代にやるべきだったのです。思い起こせば、あのとき、私は宗教家の分《ぶん》を超《こ》えてでも、「日銀特融を発動すべきだ」と言えばよかったなと思って、残念な気持ちがします。

ほとんど間違《まちが》っていなかった「幸福の科学の政治・経済的な発言」

そのようなことがいろいろ積み重なり、二〇〇九年に幸福実現党をつくりました。政治・経済について、言論として意見を言うだけではなくて、「実際に、実戦部隊もつくって行動しよう」ということで政治活動を始めたわけです。

ところが、その二〇〇九年に民主党政権が立ち、北海道選出として初の総理（鳩山由紀夫《はとやまゆきお》氏）が一種のブームを起こしました。

ただ、それは、私たちから見れば、本当に間違《まちが》った、まったく〝ずれた〟ブームでした。マスコミから見れば、「それが当然だ」と思っていたのでしょうが、私たちから見れば、「やっていることは正反対だな」というように感じてはいました。それで、また景気後退があったと思います。

そのようなわけで、政治や経済については、宗教は抑制《よくせい》的であるべきだとは思うものの、それでも折に触《ふ》れて、言うべきことは言わなければいけないと感じています。実際、言わなければできないことについても、言えないでいる政治家はたくさんいます。しかし、宗教の側であれば、はっきりと、損得抜きで言うべきことを言えるので、申し上げているのです。

なお、幸福の科学グループの政党（幸福実現党）から立候補される方もいますが、若干、申し訳ないとは思うものの、〝神風特攻隊《かみかぜとっこうたい》〟のようなところがあります。「人気が取れるかどうかに関係なく、必要なことは言う」ということで突《つ》っ込《こ》んでいくので、マスコミがついてこない場合、世間《せけん》的には、まったくずれているように見えることが多いのです。

ただ、幸福実現党は来年で立党から十年になりますが、振《ふ》り返ってみれば、「幸福の科学から発信された政治的な発言、あるいは、経済的な発言というのは、ほとんど間違っていなかった」ということはお分かりのはずです。しかし、その「ほとんど間違っていなかったこと」を検証するところがないという状況なのです。

そのようなわけで、信者のみなさんを中心に、言葉にて人々にお伝えしていくしかないかなと思っています。

3　今、「日露《にちろ》平和条約」を進めるべき理由

マスコミ情報では「日露平和条約」問題への対応は分からない

今、旬《しゅん》のテーマとしては、「日露《にちろ》平和条約」の問題があります。これについては、来年（二〇一九年）の一月下旬に安倍《あべ》（晋三《しんぞう》）首相がロシアに行かれるとのことですが、新聞などでマスコミの意見だけを読んでみると、もう、「こちらもあり」「あちらもあり」というように、功罪の両方がたくさん書いてあります。したがって、それだけを読んでいたら、どうしたらよいかがさっぱり

●来年……　2019年1月21日、安倍晋三首相は、ロシアのモスクワを訪問。翌22日に、「北方領土問題」を含む「日露平和条約」の締結に向けて、プーチン大統領と会談し、経済協力の強化等を確認。その後、共同記者発表を行った。

分からない状況《じょうきょう》です。

昨日《きのう》（二〇一八年十一月二十四日）の北海道新聞も読んでみましたが、確かに、中央紙といわれる五大紙、あるいは六大紙に比べて、北海道新聞のほうが解説は詳《くわ》しかったです。実に詳しく解説が書いてあって、「よく勉強なされているのだな」ということは分かりました。

しかし、読んでみても、「どうすればよいのか」は分かりませんでした。日露平和条約の締結《ていけつ》には、よい面も悪い面もあることを詳しく書いてはいるのですが、「結局、どうすればよいのか」ということについては、やはり、責任が取れないのだと思います。

それは、中央紙もそうですし、テレビ局も同じと言えば同じで、「評論はするが、責任は誰《だれ》も取らない」ということでしょう。

ともあれ、安倍首相がどう交渉《こうしょう》されるかは知りませんが、どういう選択肢《せんたくし》を取っても、批判は必ず出るものだろうと思います。

そのような状況のなか、私たちは、プーチン大統領の●五冊目の守護霊霊言《しゅごれいれいげん》を出しました。

日本のマスコミにとっては、残念なことであるのかもしれませんが、このような「プーチン大統領の守護霊霊言」なるものは、ロシア語にも訳され、英語にも訳されていますし、プーチン大統領自身も読んでいます。そして、日本の外務省も読んでいます。もちろん、政治の担当者も読んでいます（注。その後、二〇一九年六月四日に六度目となる「プーチン大統領守護霊の霊言」と、「メドベージェフ首相守護霊の霊言」を同時収録した）。

●**五冊目の……**　『日露平和条約がつくる新・世界秩序《ちつじょ》　プーチン大統領守護霊 緊急メッセージ』（幸福実現党刊）参照。プーチン大統領の守護霊霊言は、ほかに『ロシア・プーチン新大統領と帝国の未来』（幸福実現党刊）、『プーチン 日本の政治を叱る』（幸福の科学出版刊）等が出版されている。

ただ、マスコミには、「宗教は、新聞やテレビでは基本的に扱《あつか》わない」というような報道協定があります。

もっとも、報道協定といっても、「非科学的なるものは報道で扱わない」というものであり、「非科学的かどうか」と言われれば、「幸福の科学なので、科学であって非科学的ではない。科学なので別に扱ってもよい」と私は思っているのですが、「宗教が言っていることについては扱わない」ということになっています。

大統領選の結果を言い当てた「トランプ大統領の守護霊霊言《しゅごれいれいげん》」

ともあれ、幸福の科学の霊言《れいげん》は、当事者が読んでいます。トランプ大統領も、

●非科学的なるものは……　日本民間放送連盟の「放送基準」のなかには、「宗教を取り上げる際は、客観的事実を無視したり、科学を否定する内容にならないよう留意する」との規定がある。

郵便はがき

料金受取人払郵便

赤坂局承認

5565

差出有効期間
2020年6月
30日まで
(切手不要)

1078790

112

東京都港区赤坂2丁目10−14
幸福の科学出版(株)
愛読者アンケート係 行

ご購読ありがとうございました。
お手数ですが、今回ご購読いただいた書籍名をご記入ください。

書籍名

フリガナ お名前	男・女	歳
ご住所 〒　都道府県		
お電話（　　）　—		
e-mail アドレス		
ご職業 ①会社員 ②会社役員 ③経営者 ④公務員 ⑤教員・研究者 ⑥自営業 ⑦主婦 ⑧学生 ⑨パート・アルバイト ⑩他（　）		
今後、弊社の新刊案内などをお送りしてもよろしいですか?（はい・いいえ）		

愛読者プレゼント☆アンケート

ご購読ありがとうございました。今後の参考とさせていただきますので、下記の質問にお答えください。抽選で幸福の科学出版の書籍・雑誌をプレゼント致します。(発表は発送をもってかえさせていただきます)

1 本書をどのようにお知りになりましたか？

①新聞広告を見て [新聞名：　　　　　　　　　　　　　　　　　　　　　　　　]
②ネット広告を見て [ウェブサイト名：　　　　　　　　　　　　　　　　　　　]
③書店で見て　④ネット書店で見て　⑤幸福の科学出版のウェブサイト
⑥人に勧められて　⑦幸福の科学の小冊子　⑧月刊「ザ・リバティ」
⑨月刊「アー・ユー・ハッピー？」　⑩ラジオ番組「天使のモーニングコール」
⑪その他 (　　　　　　　　　　　　　　　　　　　　　　　　　　　　　　　)

2 本書をお読みになったご感想をお書きください。

3 今後読みたいテーマなどがありましたら、お書きください。

ご感想を匿名にて広告等に掲載させていただくことがございます。ご記入いただきました個人情報については、同意なく他の目的で使用することはございません。

ご協力ありがとうございました。

大統領になる前に、●自分の守護霊《しゅごれい》霊言をきちんと読んでいるのです。また、トランプ大統領の側近《そっきん》も読んでいます。そして、側近はそれを読み返しながら、次のように言っていたようです。

「何か、守護霊霊言では大統領になりそうに書いてあるんだけれども、支持率を見ると、十数パーセントもヒラリー氏に離《はな》されている。

これでは、とてもではないが引っ繰《く》り返せないのではないか。神が何と言おうとも、天使が何と言おうとも、守護霊が何と言おうとも、このままでは勝てないのではないのか」

そのように、側近が「トランプ大統領の守護霊霊言」を繰り返し読んで、それでも悔《く》やんでいたような状況ではあったのですが、大統領選挙の結果は、

●自分の守護霊霊言を……　『守護霊インタビュー ドナルド・トランプ アメリカ復活への戦略』（幸福の科学出版刊）参照。

その霊言のとおり、引っ繰り返りました。

「日露《にちろ》平和条約」を結ぶメリットと条件

先ほども述べたように、プーチン大統領が今、積極的に動いているのは、幸福の科学から出ている自分の守護霊霊言を読んでいるからです。つまり、「日本のほうも、当然、準備はできているものだ」と思ってのことなのです。

ただ、これは宗教からの発信なので、この世的な利害関係の全部を計算して、あれこれと言うつもりはありません。

とはいえ、日本は、戦後七十年以上、現状維持《いじ》が続いている状況なので、このままであれば、まったく何も変わりません。したがって、一歩でも前進したほうがよいと私は思っています。

やはり、「日露《にちろ》平和条約の締結」については、向こうからも言ってくれているし、日本においても、ロシアの大統領と二十数回も会う首相というのは初めてでしょうから、こういうときに一歩進めたほうがよろしいのではないかと思うのです。

もちろん、北方領土は軍事基地化されていますし、歯舞《はぼまい》群島を除けば、各島には、何千人ものロシア人の島民が住んでもいるので、問題はそれほど簡単なことではないと思います。しかし、私としては、「日本は、何でもよいので前進したほうがよい」と考えているのです。そして、敵を減らしたほうがよいのではないかと思います。

ロシアは今、ヨーロッパ、ＥＵとは少し危険な関係になっており、「新冷戦」

が始まっています。そういう状態なので、ロシアは日本とでもつながっていなければ、大国として国際社会につながれない可能性も出てきているのです。

その意味で、日本はロシアと「友達」になっておいたほうがよろしいと思いますし、向こうにも親日的な感じはかなりあるので、そうしておけば、「ロシアから東欧《とうおう》に向けて、まだまだ、新しい道は拓《ひら》けるのではないか」と考えています。

このあたりに関しては、従来の自民党を中心にした保守派の考えでも、「北方四島一括返還《いっかつへんかん》と引き換《か》えでなければ、前進はありえない」というようなことを言ってはいますけれども、そのままだと、この状態が永遠に続くので、少しでも前に進んだほうがよいと、私は考えています。

これについての具体的な意見は、幸福実現党のほうからいろいろ言うでしょう。

4　リニア時代の原発の必要性と世界構想

原発の危険性を軽減する日本の技術者の勘《かん》

それから、北海道では、もう一つ、原子力発電（北海道電力泊《とまり》原子力発電所）のところが止まっていて、そこが問題のある部分だろうと思います。東日本大震災《だいしんさい》があったので、感情的に言えば、「原発などなしで、クリーンなエネルギーでやりたい」と言いたくなるのは分かります。

また、本講演の約一カ月半前には、ドイツで講演会を行いましたが、ドイツ

●ドイツで講演会を……　『Love for the Future』（前掲）参照。

も原発はないので、国を挙げて「省エネ、省エネ」でやっています。風力発電はありましたが、それ以外のものは、太陽光発電もほとんどしていませんでしたし、大きなものは見当たりませんでした。フランスの原子力発電から電力を買っているような状況《じょうきょう》であり、買えば高くなるので、省エネを言うのは当たり前です。そのため、メルケル首相は、ケチケチ運動のようなことをずっと行《おこな》っています。

そのように、自《みずか》ら原子力を放棄《ほうき》している状態ではあるのですが、将来のことを考えると、やはり、私は「感情に流されるのはどうか」と思うのです。

天上界《てんじょうかい》の霊《れい》からも、原子力そのものに対して反対を受けたことは、今まで一度もありません。したがって、それ自体は、別に善でも悪でもないものであり、プラスに働けば「善」となり、あまりにも被害《ひがい》が出続けるようなら「悪」になる素質のものではないかと考えます。

ただ、これから十年から二十年以内に、リニアモーターカーの時代に入ります。リニアモーターカーは、新幹線システムに比べれば、十倍ぐらいの電力を必要とすると思われます。それでも、確実にリニアの時代は来るのです。

電力を何倍も必要とするということは、おそらく、今までのような石油、石炭等の火力発電や、ダムによる水力発電だけでは、電力としては足りなくなるはずです。ですから、原子力発電の道は残しておいたほうがよいのではないかと思っています。

東日本大震災において、二万人近い方が亡《な》くなったり、行方《ゆくえ》不明になったりしたということは、大きな問題ではあります。しかし、「約二万人が亡くなったのは、主として津波《つなみ》による災害であり、原発事故で亡くなったわけではな

●十年から二十年……　「リニア中央新幹線」は2014年に着工し、品川―名古屋間は2027年開業、名古屋―新大阪間は最短2037年開業を目指して工事が進んでいる。

い」ということは、やはり、再度、認識しておいたほうがよいでしょう。

福島原発をつくるとき、日本の技術者たちは、高台《たかだい》の上につくろうとしていました。そうであればまったく問題がなかったわけですが、外国の技師から、「そんな高台につくる必要はない。低いところのほうが便利だから、高台を削《けず》って、低いところに原子力発電所をつくるべきだ」という意見があったのです。それで、高台を削って低いところにつくったのですが、ちょうどそれが、「津波が来たときに水を被《かぶ》るぐらいの高さであった」というところが問題でした。それにより、発電機に故障が起きたわけです。

これは、よく知っておいたほうがよいと思います。「日本の技術者の勘《かん》のほうが正しかった」ということです。東北の人は、津波のことをよく知っていたので、万一《まんいつ》のときのことを考えていたけれども、外国の技術者にはそれが分からなかったのではないでしょうか。
このように、計算違《ちが》いということがありました。

安全の上に安全を重ねた設計の考え方

幸福の科学も、千葉の九十九里浜《くじゅうくりはま》にＨＳＵ●（ハッピー・サイエンス・ユニバーシティ）を持っていますが、こちらは、東日本大震災のあとにつくった学校です。

津波が来たら、九十九里浜は大変なことになりますが、大事な、若い優秀《ゆうしゅう》な人たちを失ってしま

● HSU　2015年4月に開学した「日本発の本格私学」。「幸福の探究と新文明の創造」を建学の精神とし、「人間幸福学部」「経営成功学部」「未来産業学部」「未来創造学部」の4学部からなる。千葉県長生村《ちょうせいむら》（上写真）と東京都江東《こうとう》区にキャンパスがある。

っては大変です。そのため、国内最大手の建設会社には、高等数学を駆使《くし》して、九十九里浜の深さから湾《わん》の構造をいろいろと計算してもらい、その結果、「どんなに大きな地震が来たとしても、十八メートル以上の津波はありえません」ということでした。日本一の建設会社は、「十八メートル以上の建物を建てる必要はない」と言ってきたのです。

しかし、私のほうは、「建設会社が十八メートル以上の津波は来ないと言うのなら、校舎は二十二メートル以上の高さは確保してほしい」と言いました。「万一《まんいち》のことがあると、将来のある人たちが大変なことになるので、何としても、あと四メートル以上は高さを上げてほしい」と言い、避難所《ひなんじょ》にもなる屋上のところは、二十二メートルまで上げたのです。ですから、計算上、絶対に来ないはずの津波の、さらに四メートルの高さまで耐《た》えられるようにしています。

また、校舎の下のところについても、「どうすれば津波被害を抑《おさ》えられるか」ということを考えました。その結果、やはり、下のところは柱状《はしらじょう》にして、水が抜《ぬ》けるようにしたほうが、建物が倒《たお》れにくいということになったのです。いわゆる、昔の高床式《たかゆかしき》です。

そのように、下は柱にして海水が抜けるようにつくってあり、高さは二十二メートル以上あって、ここには数千人の人が避難できるようになっています。

ＨＳＵのある長生村《ちょうせいむら》の人たちには、「津波のときは、幸福の科学のハッピー・サイエンス・ユニバーシティにお逃《に》げください」と通知していますし、浜辺では逃げるところもないので、近所の人たちはみな、「助かった」と言っています。

そういうことで、私たちは、安全の上にも安全を重ね、計算してやっているのです。

中国の「一帯一路《いったいいちろ》」に対抗《たいこう》する構想

こうしたことも、幸福実現党のほうの話になるでしょうから、詳《くわ》しいことは述べませんが、すべてにおいて弱気にはならないでください。長い周期で見ると、災《わざわ》いはいろいろな時代にたくさん来ています。「その災いのときに、どう考えるか」という考え方が、とても大事だと思うのです。

何十年かおきぐらいには、いろいろな震災が定期的に来ますけれども、一つには、やはり、人間が傲慢《ごうまん》になるのを防いでいる面はあると思います。驕《おご》り高ぶり、自惚《うぬぼ》れていると、大きな地震や、あるいは津波や台風、火山噴火《ふんか》等、まったく考えていなかったことがよく起きているように思うのです。

また、右肩上《みぎかた》がりで一直線に発展するばかりだと思っていると、そうした自然災害もあれば、あるいは人為的《じんい》に、人間の考え方によって、経済的に失敗したり、国の運営が失敗したりすることもあります。

私自身は、そうした災害のときには、防げるものは事前に準備すべきだけれども、準備できなかったもの、つまり、その「場所」と「時」、それから「人」の問題については、ある程度、受け止めなければならないところがあるのではないかと考えているのです。

そういうときに、「自分たちに何ができたか」ということを考えること、それから、「今、何ができるか」「これから先、何を考えつくか」ということを考えておいたほうがよいのではないかと思います。自分たちにできたにもかかわらず、やらなかったことに関しては、やはり、人間の負うべきものはあるのではないでしょうか。

先ほどのロシアの問題でも、やはり、私は、シベリアからモスクワ、ベルリンあたりまで、ユーラシアを横切るリニアモーターカーでつなぐ構想は持ったほうがよいのではないかと思っています。

中国は、今、「一帯一路《いったいいちろ》戦略」といって、「海のシルクロード」と、もう一つは中央アジアを突破《とっぱ》する「陸のシルクロード」の二つ

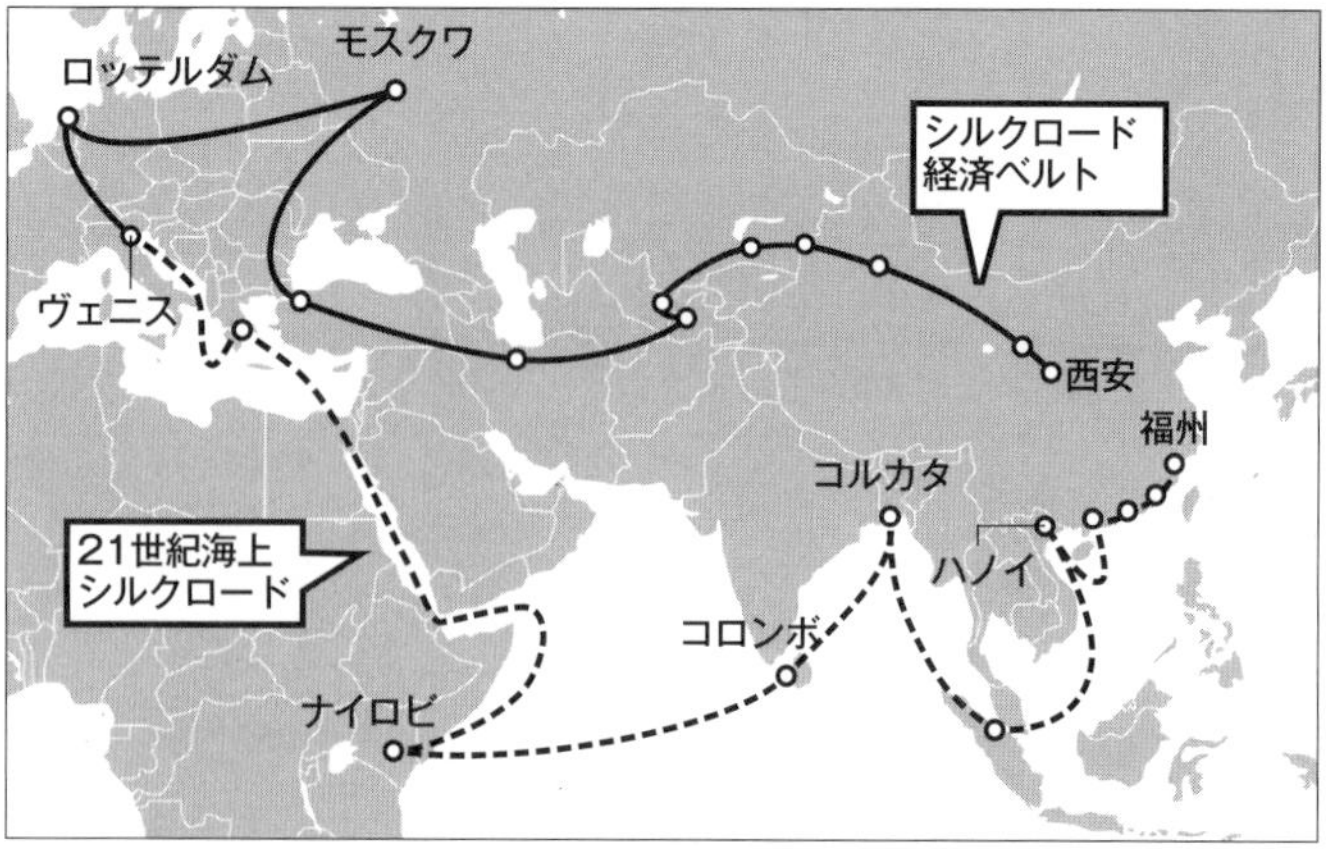

●一帯一路　中国の習近平国家主席が推進する「陸のシルクロード（一帯）」と「21 世紀海上シルクロード（一路）」の２つの経済・外交圏構想。アジアインフラ投資銀行（AIIB）などを通して、関係国に道路や鉄道、港湾、通信網などのインフラ整備を行い、新たな経済圏の確立を目指している。

をつくろうとしていますけれども、これをつくられた場合、軍事的にその地域を支配する考えと同時に入《はい》れられたら、中東やヨーロッパへの日本の交易に対しては、非常な脅威《きょうい》になります。憲法改正もままならぬ現在の政治状況でいくと、日本は完全に、〝陸《おか》に上がったカッパ〟のような状態になる可能性があるのです。

したがって、考えられるだけの方策は、考えておいたほうがよいのではないかと思っています。「やるべきはやる」ということです。

そして、届かないものについては、それを受け入れた上で、自分たちが今、やれるだけのことをやっていくことです。北海道経済がいろいろな理由により悪くなったとしても、「そのなかで、いったい何ができるか」ということを考え抜くことが大事であろうと思います。

5　仮想通貨社会とコンピュータ化経営の危機とは

キャッシュレス経済は、なぜ危険か

不況《ふきょう》であれば、多くの会社が潰《つぶ》れるし、収入が減ってきます。大変なことですが、そのなかでも生き延びているものや、さらに成績を伸《の》ばしているところもあります。そこには、やはり、考え方の違《ちが》い、あるいは、構想の違いがあるのではないでしょうか。

そのあたりについては、私自身も数多くの教えを説いているので、それらを

ヒントにして前進していただきたいと思います。

特に、私の言っておきたいことは、「これから来る危機」についてです。

先ほど、「金融《きんゆう》関係の信用が失われたところに、日本の発展を損《そこ》ねた部分がある」と述べましたが、今は、実際のマネーを使わずに、だんだん、ビットコインや、その他、「仮想通貨」と言われるようなものが、コンピュータ上でたくさん使われ始めています。これは儲《もう》かる可能性が高いということで、一億円ぐらい買ったら、それが十億円になったりするようです。もはや、昔の、株が非常に値上がりするときの投機や、あるいは不動産投機と似たような現象が少し出始めています。

また、お隣《となり》の中国も「キャッシュレス経済」に入っていて、ほとんどの人がキャッシュを持っていません。そのため、「日本もそうしよう」という動きが出てはいますが、「仮想通貨のバブル崩壊《ほうかい》による恐慌《きょうこう》」というのは、おそらく、近い将来に確実に来るものだと思います。したがって、新聞やテレビ等で取り扱《あつか》われても、あまり軽々とは乗らないほうがよいでしょう。

電子マネーしか持っていないとなると、外国からの頭脳集団によって、そのお金を引き抜《ぬ》かれる可能性もありますし、例えば、二〇一八年九月の北海道地震《じしん》で起きたブラックアウトのようなときには、「電子マネーとしてあったはずの自分の財産がなくなった」というようなこともないとは言えません。

あるいは、軍事的にも、実弾《じつだん》を飛ばさない、「電磁パルス攻撃《こうげき》」というものが現実に考えられている状態です。人工衛星に向けて、または、電気を使う外国の要塞《ようさい》や施設《しせつ》に対して、それらを妨害《ぼうがい》するような攻撃兵器も考えられている時代なので、いつ財産がなくなるか分からない状態ではあるわけです。

ですから、将来のことを考えると、これは、また不況の原因になると考えられるので、今はまだ、できるだけ実体を伴《ともな》う信用経済を固持していたほうがよいと思います。現実に値打ちのあるものにお金は使い、現実に値打ちのあるものを持つように努力したほうがよいでしょう。たとえ、「十倍になる」と言われても、易々《やすやす》と信じてはいけないということです。

二〇〇八年のリーマン・ブラザーズの破綻《はたん》、リーマン・ショックと同じで、頭のよい人がいろいろなことを考えてお金儲けをし、逃《に》げ去ったあと、ほかの人たちにそのツケを回されるということが多いので、気をつけたほうがよいのではないでしょうか。みなが言い出したら、だいたい危ないと見てよいので、これは注意しておきたいと思います。

経営判断や営業ができるのは「コンピュータ」ではなく「人」

それから、もう一つ、大事な考え方があります。

この二十年から三十年にわたる長期の不況、ないしは経済発展しない状況や、バブル崩壊後のデフレ状況ともいわれることのなかには、先ほど話した、金融機関を中心とした「信用経済の崩壊」が一つにはありますけれども、もう一つには、やはり、どう見ても、「コンピュータの問題」はあるように思うのです。

ただ、コンピュータ会社はそれで儲けているので、そうしたところに勤めておられる方は、この話は聞き流してください。みなさんの給料が出続けているかぎり、それはよいことですから、聞き流していただきたいのですが、関係のない人たちは、どうか、騙《だま》されないように気をつけていただきたいのです。

コンピュータが、実際の人間の働きよりも価値を生み出すところまで行くのは、なかなか大変なことです。いろいろなものが次々と開発されていきますけれども、実際のところは、実験段階で使わされる状況が多いので、無駄《むだ》な「お金」と「エネルギー」と、「時間」を費《つい》やされているものがそうとうあります。

コンピュータを経営的に見たら、基本的には、「経営判断」などまったくできはしません。ましてや、コンピュータは「営業」ができないわけです。経営判断もできなければ営業もできないので、「コストダウンができる」とか「経費削減《さくげん》になる」などと言って入れているものの、そのほとんどは、〝紙くず製造機〟と化しています。

お金が余っている大会社はともかくとして、特に中小企業《きぎょう》に勤めている人たちにとっては、会社を潰す要因になるので、この事実をよくよく知っていただきたいと思います。

コンピュータでつくった表を見たところで、営業の売上など絶対に上がりはしません。その表をつくったり読んだりする人がたくさん増えても、まったく上がらないのです。そして、何が本質かも分からなくなることはたくさんあります。

したがって、「現実はそうではない」ということを知ったほうがよいでしょう。

経営判断や営業の実績は、コンピュータとは関係がなく、現実には、ほとんど「人対人」の問題に帰属します。それを忘れたら、会社は必ず傾《かたむ》くのです。

コンピュータに関連するいろいろなツールはたくさん売り込《こ》まれてくるので、

その売り込んでくる会社は儲かります。それは結構なことです。ただ、売り込まれた会社は、その費用分の損をするだけではなく、経営のほうが傾くことが非常に多いので、気をつけてほしいのです。

こう言うのも、私自身は、宗教家になる前には大きな商社の財務部門にいて、コンピュータ化がどんどん進んでいくところも見てきていたからです。日本ではコンピュータ化がまだそれほど進んでいない状況のときに、アメリカでは、すでに、コンピュータを使っての作業もいろいろとやっていました。

その後、日本にも入ってきて、コンピュータ化してきましたけれども、ほとんど、表をつくったり、数字を打ち込んだりしてばかりいます。「これは要《い》るのですか」と言えば、要らないものがたくさんあって、いろいろな人がそれを見るためだけに、つくったり上げたりしているものが多かったのです。

しかし、コンピュータは、問題点を指摘《してき》してはくれませんし、見抜いてはくれません。それが分かるのは「人」のほうなのです。それが分からなければ、要するに、プログラマーなど、コンピュータでいろいろなものを使う人がいますけれども、経営が分かっていない人がつくった表を見たところで、何もならないわけです。

現実を見なければ駄目であり、「いったい何が問題になっているのか」というところを見抜いて、それを解決しなかったら、事業は進みません。「何が問題になっているのか」を見抜かなければいけないのです。そのために、経営トップは、取引先や、あるいは現場で問題になっているものは何であるかということを知り、それを解決しなければいけないのです。

また、営業マンは、直接、人と会って交渉《こうしょう》しなければならないのであって、

「コンピュータの表だけを見ていても、何も教えてはくれない」ということを知っていただきたいと思います。

特に、パソコン時代になってからは、それを机の上に置いておけば仕事をしているように見えるので、何の仕事をしているかが分からないようになっています。

もちろん、コンピュータが一部は役に立っていることも事実です。計算機能があったり繰《く》り返しの作業ができたり、きれいに印刷できたりするなどといったメリットはあるでしょう。

ただ、基本的には「要らないもの」が仕事としてたくさん入っていて、実際にするべき仕事をせずに済ませている人が大勢《おおぜい》いるということです。

対人関係の下手《へた》な人は機械をいじりたがる傾向《けいこう》があり、そういう人間が増産されています。これで経営が傾いている企業がたくさんあるので、ここのところを見抜くべきだと思います。

二〇〇〇年以降、ＩＴ産業系が業績を伸ばす一方で、これによって潰れている企業もたくさんあるということを知ったほうがよいでしょう。

コンピュータを必要としないところがそういうものを入れると、経営もできず営業もできない状況になることも多いので、よくよく考えた上で行うようにしてください。やはり、「見切り」というものが要ることも知っていただきたいのです。

6　仕事・経営・社会に「繁栄《はんえい》を招く考え方」とは

トップレベルの営業マンに共通する特徴《とくちょう》

私もいろいろな人に会ったりして、ものを買うこともありますが、営業成績のよい人、トップレベルの営業マンの特徴《とくちょう》は、ほとんど一言《ひとこと》で表せます。彼らは口がうまいというわけではありません。トップレベルの営業マンは、とにかく「記憶力《きおくりょく》がよい」のです。

「このお客様は、一年前や二年前に来てくださった方で、そのときにはこれを買われて、こういう内容の会話を交《か》わした」といったことを覚えているわけです。

客の顔を見ただけで、「あっ、○○さんですね」と名前まで出されたら、客の足は止まってしまいますし、何か話をしなければならなくなるでしょう。

「この前は、こういうものをお買い上げになりましたね?」「ああ、そうです。よく覚えていますね」「そのときに、こういうことを言われましたよね。お嬢《じょう》様《さま》は、そろそろ大学のご入学ではないですか」「ご結婚《けっこん》がそろそろではありませんか」「お孫さんは生まれましたか」などと言ってこられると、だんだんだんだん玉網《たまあみ》のなかに入ってくるような状況《じょうきょう》になるでしょう。「そこまで自分のことを知っているのか」という気持ちになってしまいます。

そこで、「こういうものが要《い》りますね」「こういうものをお買いになると、お使いになれますよ」などと言われると、「全部、自分のために考えてくれているんだ」という気になって、買ってしまうわけです。

そのように、一年前、二年前に会った人のことを覚えている営業マンというのは、すごいと思います。

それから、その人の勤める店が変わったとしても、前の店にいたときに一度会った客に対して、「以前、あそこの店でお会いしていませんでしょうか」と言って、それがそのとおりだった場合、客はやはりドキッとするでしょう。

いずれにしても、凄腕《すごうで》の営業マンをずっと見ていて分かることは、意外にも「記憶力がよいところが共通している」ということなのです。

ただ、そういう人も、陰《かげ》では努力しているのかもしれません。いろいろな人に会ったときに、名前や会話の内容を記録したり、その人に関係する情報を集めたりして、覚えるように努力しているのかもしれませんが、記憶力のよさがいちばんの営業力になっています。

口のうまさでも、押《お》しつけがましい営業でもなく、「買わせて相手に損をさせた」というようなことも、もちろんありません。「自分の立場」で売りたいのではなく、「相手の立場」で必要だと思うものについて出してきます。

こういう営業マンが成績を伸《の》ばしているわけです。

「世のため、人のため」という気持ちが成功と繁栄《はんえい》をもたらす

それは経営者も同様でしょう。「自分が売りたいものかどうか」ということではなくて、「相手がどういうものを欲《ほっ》するか」ということを考えているのではないでしょうか。それから、いろいろなところへ行き、会社の事情を聞いた

り必要なものを聞いたりして、客のニーズに応《こた》えようと努力している人もいるでしょう。そういうところが不況でも生き残っているわけです。

「こういうものができたから、これをとにかく広げたい」というのではなく、「今、相手はこういうものを必要としている」「今、こういうものが必要だ」ということを考え、世の中をよくしようと一生懸命《いっしょうけんめい》に努力して、それを仕事のなかに持ち込《こ》んでいる人たちが、生き残って発展しているのです。そういうことを知っていただきたいと思います。

宗教的に述べると、勉強して頭がよいだけであれば、霊界《れいかい》の次元構造的にはせいぜい六次元という世界にしか行

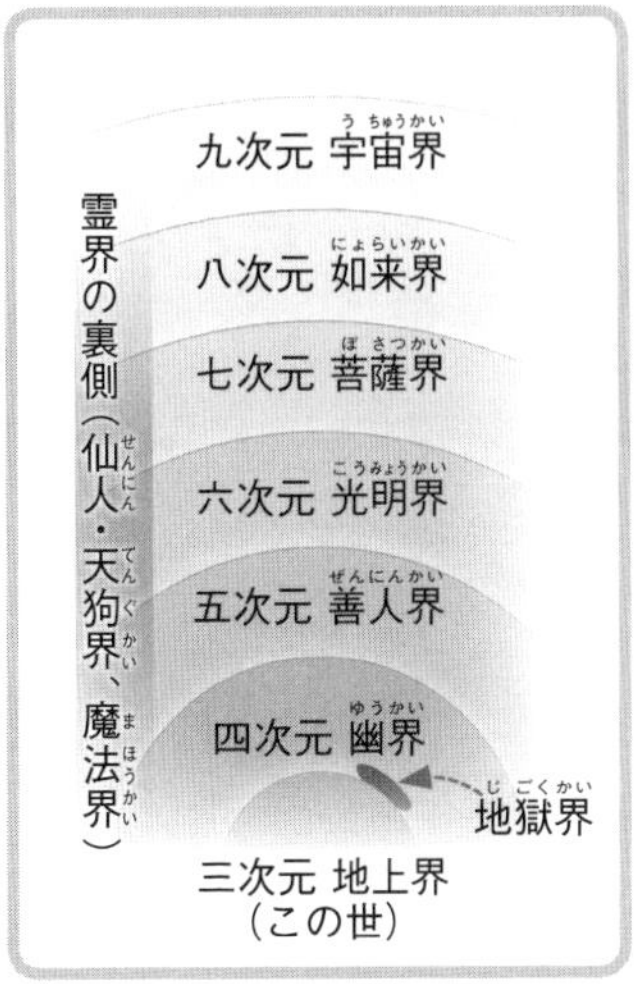

●霊界の……　あの世(霊界)では、各人の信仰心や悟りの高さに応じて住む世界が分かれている。地球霊界は四次元幽界《ゆうかい》から九次元宇宙界まであり、地獄界は四次元のごく一部に存在している。七次元は、愛と奉仕の精神で、救済と利他に生きた人たちの世界。『永遠の法』(幸福の科学出版刊)等参照。

けません。さらに上の七次元菩薩界《ぼさつかい》に行くためには、「人を愛する」「人を利する」という「利他《りた》の思い」が入ってこなければならないのです。

したがって、もっと高い境地に入るためには、「人々のためによい仕事をしよう」「喜んでもらおう」「人が愛してくれるような仕事をしよう」という気持ちを持ってやり続けることが大事だと思います。つまり、自分の立場で物事を考えるだけだったり、勉強したことをただただ伝えるだけでは駄目《だめ》だということです。

さらに、エゴイストになって、相手に損をさせるようなことをしていたら、あの世に還《かえ》っても地獄界《じごくかい》に行くようなこともあるわけです。

以上、大きなことと小さなことと、個人に還元《かんげん》されることも述べました。

悪い環境《かんきょう》が来る場合も、よい環境が来る場合も両方ありますが、よいときには得意満面にならず、悪いときには失意に沈《しず》み込まず、それぞれのときに「最善を尽《つ》くすにはどうすればよいか」ということを考えてください。

人間として、どのような仕事をして生きていっても構いませんが、仕事のなかにおいて、「世のため、人のため」という気持ちを込めてほしいと思います。「世のため、人のため」ということを純粋《じゅんすい》に思えないままビジネスをしているようであれば、宗教に何らかの縁《えん》があったということが、ほとんど生きていないことになるわけです。

一方、そういう気持ちを込めて仕事をすれば、あらゆる分野において、現実的に成功し、繁栄《はんえい》をもたらすことができると、私は信じています。

「天国に還《かえ》れるような生き方」とは

地方に住んでいると、東京と比べて、「北海道だから遅《おく》れている」とか、「沖《おき》縄《なわ》だから遅れている」などと言われることもあるかもしれません。

そのような面もあるとは思いますが、あの世においては、田舎《いなか》の人のほうが天国に還《かえ》っている率が高いのです。そういったプラスの面もあるわけです。

地獄というのは、けっこう都会に似ています。そういう意味では、都会の人のほうが地獄に行く率が高いのです。はっきり言えば、「悪いことを考えている人が多い」ということです。

例えば、北海道から出世して東京に攻《せ》めていって、「一旗揚《ひとはたあ》げた」という人もいるかもしれません。ただ、別にその人を呪《のろ》うわけではありませんが、それで天国に行っているかどうかは分からないところもあります。

田舎にはよい面もあって、素朴《そぼく》に、人を騙《だま》さずに信じて生きられるところがあります。「誠実な生き方」や「淡々《たんたん》として、足ることを知りながら、なすべきことをなしていく生き方」のなかに天国的なものもあるので、天国に行ける確率が高い分だけ、田舎は得なのです。

そういうプラスの面もあるので、あとは、それ以外のところで努力を積み重ねていくことが大事なのではないかと思います。

今日は、「繁栄を招くための考え方」という題で話をしました。

第3章

未来への希望

二〇一九年一月二十六日　説法《せっぽう》

広島県・広島県立文化芸術ホールにて

1　人と地域の未来を変える信仰《しんこう》の力

原爆《げんばく》で亡《な》くなられた方々の成仏《じょうぶつ》は、この二十九年でかなり進んだ

広島での説法《せっぽう》は、七年三カ月ぶりです。外部会場での講演は八年八カ月ぶりですので、みなさん、一期一会《いちごいちえ》と思ってください。もしかしたら、これが最初で最後の方もいるかもしれません。

それより前で、私の記憶《きおく》に残っているのは、一九九〇年五月、広島での最初の講演会「人生の再建」です。

●広島での……　『人生の王道を語る』（幸福の科学出版刊）第３章所収。

そのときも、飛行機で来たのですが、広島上空まで来て、「これから高度を下げます」というような機内アナウンスがあり、高度を下げて空港に近づいていく途中《とちゅう》で、目に見えない雲のようなものがウワッと広がっている感じがありました。

それは、目に見えない何百、何千という人の魂《たましい》の集合ではないかと思います。地上に降りる前、上空で、そういう雲のようなものを突《つ》き抜《ぬ》けて降りてくる感じを受け、〝広島、恐《おそ》るべし〟と思ったのを覚えています。当時

本章講演の本会場となった広島県立文化芸術ホールの当日の様子（2019年1月26日）。

は、戦後四十五年目だったと思います。

それから数えて二十九年たったわけです。そして、昨日《さくじつ》、飛行機で来て、「まもなく降下を開始します」と言ったとき、「来るかな」と思って一瞬《いっしゅん》身構えたのですけれども、何も来ませんでした。

二十九年の歳月《さいげつ》というのは、やはり大きいです。これは偶然《ぐうぜん》ではありません。戦後四十五年では、まだ不成仏霊《ふじょうぶつれい》が空中をさまよっているような状態でした。それが、その後、二十九年たったら何も感じなかったのです。

また、二十九年前の広島での一回目の講演会のときは、前日、ホテルに泊《と》まりましたが、寝《ね》かせてくれませんでした。正直に言って、睡眠《すいみん》時間を〝かき集め〟ても二時間しか取れませんでした。

次から次へといろいろな方（幽霊《ゆうれい》）が現れてくるので、忙《いそが》しかったのです。

そのたびに、「あなたは死んだのですよ」という話をしなければいけないわけです。一秒では帰ってくれないし、誰《だれ》が来るか分からないし、また、姿形《すがたかたち》がはっきりしない方が多かったので、大変ではありました。

そういうことで、二時間睡眠ぐらいで講演をすることになり、「できるかな」と思ったものの、何とかできて、「人生の再建」という話をしたのです。

ところが、今回はよく眠《ねむ》れたので、「この二十九年間、信者のみなさんは伝道活動をしっかりやってこられたのだな」と思いました。原爆《げんばく》を中心とした爆《ばく》撃《げき》で亡《な》くなられた方は数多くいたでしょうが、この二十九年の間にかなり成仏は進んだようです。なかには、若くして亡くなられたので、すでに転生《てんしょう》し、地上に生まれ変わった人も数多くいるのではないかと思います。

信仰《しんこう》が広がっていけばいくほど、奇跡《きせき》が起きてくる

今日の会場である広島の地と、衛星中継《ちゅうけい》で結んでいる岡山《おかやま》や山口などの中国地方は、昨年（二〇一八年）、大きな洪水《こうずい》、災害等がありましたので、「一度、地域浄化《じょうか》のために行かなければいけない」と思って来たわけですが、いろいろなところで活動が進んでいるらしいということを知って、ホッとしました。

全体的な大きな構想から見れば、まだ緩《ゆる》やかな歩みにすぎませんが、それでも、三十数年間の幸福の科学の活動は、着実にいろいろな地域を照らし続けていると思います。

本講演の前に流れていた当会の紹介《しょうかい》映像のなかに、いろいろな奇跡《きせき》体験につ

いての発表がありましたが、そうした「奇跡」が当たり前に起こせるようになってきたことには、三十年余りの歳月が効いています。やはり、教団に自信が出てきて、私自身にも自信が出てこないと、「奇跡」はそう簡単には起こせません。この世の常識や先入観、宗教に対する偏見《へんけん》に圧倒《あっとう》的に負けていると、この世での奇跡は起こしにくいのです。

例えば、治らないはずの病気が治ってきつつあっても、医者のほうが「常識的にそんなことはありえない」と言ったら、その言葉だけで、その奇跡が止まってしまうこともあります。ところが、全国各地でいろいろな奇跡が起きていることを事実として知っていたならば、「そんなことを言っても、起きるものは起きる」と信じられるようになってくるのです。

そういう意味で、信仰《しんこう》というものも、加速度がついていきて広がっていけばいくほど、力を増してくるものなのです。そのことを言っておきたいと思います。

私たちは、欲得のために、金銭目的のために教団を大きくしようとしているわけではありません。大きくなればなるほど、私たちが浄化し、変えていける未来は大きくなっていくのです。過去に行われたさまざまな苦しみや悲しみに基《もと》づく「人間の業《ごう》」、あるいは「大勢《おおぜい》の人がつくった共業《ぐうごう》」もまた清算し、それを、未来へと新しいスタートを切っていくための、大きなバネに変えることができると思います。

2　「歴史」と「世界標準」の視点から導かれる朝鮮《ちょうせん》・中国対応法

悲惨《ひさん》な核《かく》戦争が起きないよう、事前に抑止《よくし》する運動を

広島という地に関しては、もう七十四年がたちますけれども、どうしても、「人類初の原子爆弾《ばくだん》が落とされたところ」という記憶《きおく》があります。この事実そのものは、この時代、この文明、おそらく三千年ぐらいは、忘れられることのない事実として残るでしょう。

「実際には、過去の文明においても、原爆に当たるようなものによる核《かく》戦争

等があった」ということは、私がいろいろなところで述べているとおりです。さらに、「地球を離《はな》れた宇宙においても、さまざまな宇宙の星の興亡《こうぼう》があり、そこでも、核戦争のようなもので滅《ほろ》びた文明があった」ということも述べています。

そうしたことは、科学の水準が一定レベルまで行けば、どのようなかたちの人類であっても到達《とうたつ》する地点ではあるのだろうと思います。そしてそれは、「それがどういうことを引き起こすか」ということを大勢《おおぜい》の人が体験して、未来への記憶として伝えていかねばならないことではないかと思います。

そういう意味で、広島は、日本においては、「国家として初めての敗戦の原点」であると同時に、「新しい国づくりの原点」でもあるところかと思っています。明治維新《いしん》によって、近代国家・日本ができたわけですが、明治維新から七十年余りたって、近代国家づくりの一段階目が終わりを迎《むか》え、そして、「戦後をどう仕切り直すか」ということが始まったのだと考えています。

戦争というのは、負けるよりは勝つほうがよいし、多くの人が命を生き長らえることのほうがよいことはよいのですが、長い歴史のなかでは、「負け」を経験したほうが賢《かしこ》くなることもあります。「知恵《ちえ》」になることがあるのです。

勝ち続けると慢心《まんしん》することもあります。日本は、日清《にっしん》戦争、日露《にちろ》戦争と、神《かみ》風《かぜ》が吹《ふ》いたように〝まさかの逆転ゲーム〟で勝ってきたわけですが、そのあとの第二次大戦では、慢心しすぎた〝ツケが回って〟きたような気がします。

ただ、負けることによって、反省することもあるし、他の国がまだ考えていないことを考えつくようなこともあるだろうと思います。

日本を取り巻く諸外国のなかには、すでに原爆や水爆、核ミサイル等を持っている国がたくさんあります。おそらく、彼らのなかには、そういうもので国を護《まも》り、折あらば、他国を侵略《しんりゃく》しようと思っている者もいるでしょう。

しかし、彼らは、自分たちが原爆を落とされたことのない身なので、「それがどういうことか」ということは分かっていないだろうと思います。その悲惨《ひさん》さが、まだ十分には分かっていないだろうと思うのです。

ですから、生き証人としてまだ数多くの方がいるのですから、広島や長崎《ながさき》の人たちを中心に、「核ミサイル等による戦争が起きたら、どれほど悲惨なことになるか」ということを訴《うった》え、そういうバカなことが起きないよう、事前に抑《よく》止《し》する運動をしなければいけません。

世界標準から見て、「自衛目的」か「侵略《しんりゃく》目的」かの判定を間違《まちが》うな

ただし、それは、単に両手を上げて、「私たちはもう二度と戦いませんから」と言えば済むことではありません。

私たちが両手を上げて降参しようがしまいが、いろいろな国で核爆弾は開発され、ミサイルも数多くつくられ、すでに地球を何十回も何百回も破壊《はかい》できるぐらいの核兵器が存在しています。

そうであるならば、核兵器のない世界を目指すことも、もちろん大事ですけれども、外交努力によって、そうした戦争を未然に防ぐことができるならば、先が読める人は、そのための努力をすべきであると思います。

そして、「どうしても避《さ》けられない戦争が未来に起きる。それも、自分たちから侵略《しんりゃく》するのではなく、他国から侵略されて、国民に大いなる受難《じゅなん》が来る」ということが予想されるならば、せめて国民の「生命・安全・財産」と「領土・領海・領空」を護るために、きっちりとした仕事をすることは、税金を集めている国家の使命であると私は考えています。

これについては、天上界《てんじょうかい》の諸霊《しょれい》も意見は一致《いっち》しています。自分たちの国と国民を護るために、いろいろな国が自衛措置《そち》をすること自体に反対する者はおりません。

ただ、考え方によって、「自衛か、あるいは攻撃《こうげき》的か」ということの重さ、ニュアンスが変わってくることがあるので、世界的なレベルから見て、「これは世界標準に照らして自衛に当たるのか。それとも、覇権《はけん》戦争的な、侵略的なものの準備になっていないか」ということを間違《まちが》わずに判定することが大事です。

「北朝鮮《きたちょうせん》問題」については、まだ油断してはならない

今で言えば、ほんの半年前の二〇一八年半《なか》ばに、アメリカのトランプ大統領と北朝鮮《きたちょうせん》の指導者・金正恩《キムジョンウン》氏とが直接に対談することによって、それ以前まで北朝鮮が日本列島を越《こ》えて、あるいは日本海に向けて撃《う》っていたミサイル実験が今、止まっています。しかし、これは〝小康状態〟であって、まだ完全に解決したわけではありません。

米朝首脳会談をまたするそうなので、話が進むことを期待していますが、日本がそのイニシアチブ（主導権）を取れないことは、まことに残念なことです。

●米朝首脳会談　本講演後の 2019 年 2 月 27 〜 28 日、アメリカのトランプ大統領と北朝鮮の金正恩委員長による 2 回目の会談がベトナムの首都ハノイで行われたが、北朝鮮の完全な非核化に関する合意には至らなかった。

この問題はまだ終わっていません。アメリカの事情によっては、基礎《きそ》的な交《こう》渉力《しょうりょく》が落ちていくこともありうるので、油断しては相成《あいな》らないと思います。

人治《じんち》国家・韓国《かんこく》の「反日南北統一」の結果はこうなる

最近の韓国《かんこく》の動きを見ていると、韓国の文在寅《ムンジェイン》大統領などは、もはや、「北朝鮮への経済支援《しえん》を拡大して融和《ゆうわ》ムードをつくれば、南北は事実上、統合されたのと同じ」というような気持ちになっているのではないでしょうか。そして、北朝鮮の核ミサイルも、韓国が持っているような気分になっているのではないかと思うことが、多々あります。

例えば、最近、日本の自衛隊機へのレーダー照射事件で韓国と揉《も》めています。

韓国は同盟国側にあるものに対して、攻撃することを意味するレーダー照射をしたわけです。これはもう、戦争開始とほとんど同じ行為《こうい》です。これについて意見のやり合いをしていますが、韓国側はまったく認めない状態を続けています。

あるいは、戦争中、日本の元財閥《ざいばつ》系企業《きぎょう》に徴用工《ちょうようこう》として使われたというような人が、戦後六十年以上もたってから裁判を起こし、前の最高裁（大法院）長官が「裁判を遅《おく》らせた」との理由により逮捕《たいほ》されています。これは、まことに不思議な事態です。

前大統領も逮捕されていますが、このように、選挙で大統領が替《か》わっただけで、前大統領や前最高裁長官が逮捕されたりするのは、「法治国家」ではなくて「人治《じんち》国家」です。本当に怖《こわ》いことだと感じています。これは明らかに、

「北朝鮮を、事実上、併合《へいごう》できる」と見て、その自信を裏付けとして、今、いろいろなことをやっているのだろうと思います。

そして、もし国家の指導者が、「反日」と「憎《にく》しみ」による南北統一、国家の統合ということをやろうとしているならば、将来的によい果実は生まないのではないかと私は考えています。そういうことであっては、自分たち自身の反省もなければ改善もなく、全部、他国の責任にして、そして、自分たちがやることは全部、合理化されていくことになるからです。

ですから、アメリカと北朝鮮との交渉もありますけれども、韓国の動きにも、少し目を離せないところがあるのではないかと思います。

南北合併《がっぺい》の前につけるべき「けじめ」とは

韓国の大統領の本心としては、「少しは核ミサイルの削減《さくげん》をやってみせなければいけないのだろうけれども、全部を削減する前に、事実上、南北が一体化したかたちになったら、やはり自分たちの戦力として、それを組み入れたい」という気持ちもあるのではないかと思うのです。

そうなれば、日本の自衛隊など、まったく恐《おそ》るるに足りない戦力になってしまいます。もうそこまで頭に入っていて、それに向けた考え方が、かなり強くなってきているのではないかと思います。

そういうことを知れば、私たちとしては、南北の平和的な合併《がっぺい》は、いちおう望むべきことではあるけれども、その前に、北の核ミサイル、および、それ以外のノドンやテポドン等のミサイルで日本を標的にするようなことをやってきたことに対して、キチッと〝けじめ〟をつけていただきたいと思います。きちんと、武装解除をしていただきたいのです。それ以降に、南北が一定の理念の下《もと》に平和的に合併するのは構わないと思いますが、そこは〝けじめ〟をきちんとつけなければいけないと思います。

「東ドイツと西ドイツが合併したときのようには、いかないのではないか」というのが、私の考えです。このあたりは用心すべきだと思いますし、南北が一緒《いっしょ》になるときにはそうとうな経済的援助が必要になりますので、日本に対して、ものすごい額の経済援助を要求してくるのは間違いないと思います。

そういうことを考えるにつけても、やはり、もう少し日本と友好的な関係をつくっていくための基礎がないと、南北が一つの国家へのまとまりをつくっていくのは難しいのではないかと考えています。

韓国は、北と一緒になると、すごく貧しくなってしまうため、必ず経済支援が要《い》るようになるのです。そのあたりは考えておいたほうがよいと思います。

この七十年で近隣《きんりん》国を侵略《しんりゃく》してきた中国に言うべき内容

もう一つは、中国のことです。中国については、ずいぶん話はしていますし、また特別に話をする必要もあろうかと思います。

「先の大戦で、中国は日本に攻《せ》められた」という考え方もあるでしょうが、その後につくった国（中華《ちゅうか》人民共和国）が、七十数年間かけて侵略《しんりゃく》的に近隣《きんりん》の国を吸収して自国に組み入れ、今また、台湾《たいわん》や香港《ホンコン》などを同じレベルの共産党一党独裁国家にして、民主主義的な部分を奪《うば》おうとしているのを、国際的に見られているところではあります。

「よその国のことには口を出すな」という考えもあろうけれども、自分の国を「母国だ」というなら、香港がイギリスから母国である中国に返されて不幸になるようなことは、望ましいことではありません。「植民地時代のほうがよかった」と言われるのでは問題でしょう。

実際に、香港の人たちは、「イギリスの統治のほうがよかった」と言っているわけですから、やはり、北京《ペキン》政府のほうがもう少し変わるべきではないかと思います。

台湾も日本の植民地になったことはありますが、はっきり言って、「日本の統治時代のほうがよかった」ということを現地の人は言っているわけなので、やはり、北京政府自体が考えを変えるべきではないかと思います。考えを変えずに、自分たちの勢力だけを拡大しようとするのは、やはり、問題があるのではないかと思います。

これは難しい問題になるので、今回はあまり深くは述べませんが、広島の地から考えるとしたら、やはり、原水爆、核ミサイル等を大量に配備している国々には、「もっと理性的で良識的な考え方を持って、民主的な国家をつくっていく義務があるのだ」ということを言うべきだと考えます。

3　国家統治と国力維持《いじ》の基本ルール

憲法学者の「地方自治が国家の統治に優先する」が間違《まちが》いである理由

日本も、沖縄《おきなわ》などにはまだまだ問題が多く、簡単にはいかないところはあります。先の大戦の最後には、米軍に攻《せ》められて沖縄県民の四分の一ぐらいは亡《な》くなっているので、アメリカに対する本質的な嫌悪《けんお》感というか、「自分たちの家族や先祖が殺された」という思いもあるでしょう。

そのため、「米軍基地は嫌《いや》だ」という気持ちや、「本土の人たちは（沖縄のことを）分かっていない」という気持ちも、おそらくあるだろうと思いますが、残念ながら、今の日本の国体では、自衛隊だけではこの国を護《まも》れない状態になっています。

私は、選択《せんたく》の余地はあると思ってはいますが、現状として、ほとんど大きな変わり方ができないのであれば、やはり、米軍の存在は今のところは必要だと思っています。これは、「国家としての大きな外交戦略」なのです。

ところが、憲法学者のなかには、「地方自治が国家の統治に優先する」というようなことを言う人もいます。その人は私の後輩筋《こうはいすじ》に当たるのですが、「東大法学部からは、こんなに頭の悪い人がたくさん出ているのかな」と思います。これで大学の教授をやっているのですが、「ほう、地方自治が国家に優先するわけですか。すると、地方自治で決めたら、国家をバラバラにもできるし、ほかの県の人たちを〝皆殺《みなごろ》し〟にすることもできるわけですか。しかし、それは許されないのではありませんか」と、私などは思います。

国家戦略として、国民を護れる戦略が立つのであれば、米軍基地をなくすことは可能ですが、現時点では、そう簡単ではないでしょう。それは、憲法改正もできないことから見ても分かると思います。

国のほうも、オスプレイの訓練などに困らないように、鹿児島《かごしま》県の沖にある馬毛島《まげしま》という無人島を購入《こうにゅう》して準備しようとしたり、そうした努力はされているようなので、沖縄の方々に対しては、もう少し時間を下さるようになだめつつ、やはり、「国家としての考え方」を持っていただきたいと思っています。

別に、中国に速攻《そっこう》で占領《せんりょう》されたいわけではないだろうとは思いますが、沖縄は、距離《きょり》的にはすぐに占領できる位置にあるので、「米軍撤去《てっきょ》」ということになれば、即《そく》、占領される可能性もないわけではありません。そこまでよく考える必要がありますし、これは地方自治のレベルを超《こ》えた問題であると思います。そうしたことを、頭の悪い憲法学者にも一言《ひとこと》申し上げておきたいと思います。どうも、みな、専門職になると頭のなかが一点に絞《しぼ》られていくようなので、怖《こわ》いなと思っています。

これらは全部、未来への布石として、述べるべきことを述べているのです。宗教家としては、「言いにくいことも言うのが仕事かな」と思っています。

政治家の場合は、票が減るので、どうしてもポピュリズムというか、〝みんなの人気が得られるような政策〟を言ったり、あるいは、〝お金をばら撒《ま》く話〟ばかりをしたりするのですが、宗教のほうは、やはり信仰《しんこう》という強みがあります。「青銅の扉《とびら》」、「鉄の柱」を要求する宗教としては、言いにくいことであっても、「神の心」や、「人類の未来にかかわること」については、言わなければならないと思います。

戦争抑止力《よくしりょく》のもとである「国力の維持《いじ》」の具体策

例えば、広島でつくられた戦艦大和《せんかんやまと》について、「〝大和ホテル〟と言われて、実際には役に立たなかった」ということを、戦後の大蔵省《おおくらしょう》（現・財務省）では、伝説のように言われています。エジプトのピラミッド、中国の万里《ばんり》の長城《ちょうじょう》に続く、「人類の三大〝バカ〟事業」として、戦艦大和をつくったことを挙げられることが多いのです。

広島でつくられた世界最大の戦艦に対して、そういう言い方をされたり、

「大和に乗っていれば安全で、後方で浮《う》かんでいただけだ」ということで、〝大和ホテル〟と言って批判されたりしています。

ただ、私は、いちおう「地球神」ではありますが、戦艦大和が九州の枕崎《まくらざき》から二百数十キロメートルのところで沈《しず》められたのを見ると、やはり悔《くや》しくてならないところがあります。「世界最大級の戦艦をつくったのに、対空母、対戦艦に対して、一発も砲弾《ほうだん》を当てることなく、航空機だけで沈められた」ということについては、やはり悔しい思いはあります。

そのときのアメリカの作戦は、太平洋戦争が始まったときに、ハワイの真《しん》珠湾攻撃《じゅわんこうげき》において、日本が世界で初めて発明した作戦と同じでした。つまり、「航空母艦を中心とする機動部隊攻撃によって、戦艦は航空機で沈めることができる」ということを日本が証明したやり方です。

真珠湾攻撃のあとも、南シナ海で、イギリスの「プリンス・オブ・ウェールズ」と「レパルス」の、二隻《せき》の戦艦が沈められました。「絶対に沈まない」と言われた不沈《ふちん》戦艦が、日本の航空機によって沈められたのです。

日本が行《おこな》ったその作戦を、何年か後にアメリカがやってみせたということなのです。先に成し遂《と》げたのに、その偉大《いだい》な意味に気づかず、まだ戦艦を中心に考えていたところが、日本の「発想の切り替《か》え」が少し遅《おく》れたところです。

また、開戦時には米軍よりも大きな戦力を持っていたのに、工業力の差がそうとうあったところが、やはり、長期戦では負ける結果になったのだと思います。

このあたりは、「普通《ふつう》にいけば、国力が違《ちが》えば負けることになるのだ」と、素直《すなお》に反省すべきです。「アメリカの国力は、日本の十倍はあった」と言われていますが、「工業力に関しては百倍あった」とも言われています。

山本五十六《やまもといそろく》長官は、戦前にアメリカに留学したとき、ハーバード大学にはわずかの期間しかいなかったそうですが、大学から〝遁走《とんそう》〟してアメリカ各地を見て回り、自動車をつくっているところなどを見て、「とてもではないが、この工業力では勝てないな」と感じたようです。それから、彼はニューヨークの摩天楼《まてんろう》を見て、「日本の木の家では、全部、丸焼きにされてしまう」ということも知って、開戦前に、「アメリカと戦ったら負ける」ということを言っていたのですが、アメリカに留学していない人々には、それが通じませんでした。そのため、負ける戦争の司令官になったわけですが、やはり、基礎力《きそりょく》のないものは敗れていきます。

こうしたことを考えると、戦争に対する一つの抑止力《よくしりょく》として、「国力を維持《いじ》する」ということも大事です。やはり、なめられない程度には、国力を持っていなければいけないのです。

日本は、アメリカに先を越《こ》されていますが、今、経済的にはずっと小さかった中国にも追い抜《ぬ》かれて、ＧＤＰ（国内総生産）は（日本の）二倍以上と彼らは称《しょう》していますし、このままでいくと、日本はインドにも抜かれ、ロシアにも抜かれ、インドネシアにも抜かれ、メキシコにも抜かれというように、これから三十年以内に、世界での国力順位はどんどん下がっていくことが予想されます。それを黙《だま》って見ていてはいけないと思うのです。

そうした国力というか、「国のＧＤＰの順位が、どんどん下がっていく」ということは、それ自体が、「国を護る力が落ちていくことと同じだ」ということを知らなければいけないのです。

国を後退させていく恐《おそ》れがある「働き方改革」

そういう意味では、今の政権もよくやっているとは思いますが、「働き方改革」などと言っていることのなかには、この国をどんどん後退させていくものも入っているのではないかと、私は心配しています。

例えば、今年のゴールデンウィークは、新天皇の即位に伴《ともな》い、例年よりも連休が増えて十連休になるようです。連休が増えると、幸福の科学としては、平日よりも多くの人が支部や精舎《しょうじゃ》に来てくださるので、仕事ができてうれしいのですが、そうした自分たちの利害はともかく、国全体としては、休日があまり増えていくようだと、国力が落ちていくのではないかと、とても心配しています。

一年のうち、半分ぐらいは休みになっているところもあるのではないでしょうか。学校などではすでにそうなっていますし、官公庁もおそらくそうなるのでしょう。また、病院も休みの日は増えていくのだろうと思います。

コンビニと、レジャー関係の一部の旅行会社やホテル等は休めないかもしれませんが、大手の企業《きぎょう》や役所関係などは休日がどんどん増えていき、教育関係でも、授業日数が一年の半分ぐらいにまで減っているので、若干《じゃっかん》心配しています。

文科省からは、「部活動は、週に二日以上は休むように」という通達があり、「それ以上休む場合には補助金を出す」などと言っています。要するに、「〝逆残業代〟を出す」と言っているわけです。

昔、私が教わったころは、そんなことではありませんでした。先生がたは、土曜日まで指導し、日曜日に試合があるときは、きちんと来ていました。そのため、先生がたが残業しているとはまったく知りませんでしたが、だからこそ、「聖職者《せいしょくしゃ》」として尊敬されていたところもあったのでしょう。

ところが、東京へ来て驚《おどろ》いたのは、中間テストや期末テスト、実力テスト等の前に、「問題作成日」というものがあることでした。先生がテストの問題をつくるというだけで休みを取り、試験終了《しゅうりょう》後には「採点日」があって、また授業が休みになるのです。

私は、中学も高校も地方の公立校でしたが、当時の先生がたはそういうことはなかったので、おそらく、授業の間の休み時間や放課後、あるいは自宅等で、いろいろとされていたのではないかと思います。

しかし、今は、すでに一年の半分ぐらいは休みのような感じになっています。そういうことを、ほかのところへもだんだん拡大していくのでしょう。

政府としては、「休みを多く取れるようにして、働かないようにしていく。そして、銀行にお金を預けても利息がつかないから、消費せよ」という考えなのだと思います。「休日には遊んでください。手元にはお金を置かないでください」ということであり、〝江戸《えど》っ子は宵越《よいご》しの金を持たない〟というのが基本ポリシーなのでしょう。

ただ、そのようなことで、この先、国家としてよくなるのだろうかと考えたときに、「やはり、おかしいのではないか」という気がするのです。

五月に十連休もあれば、政治家は税金を使って外遊もできるでしょう。十日もあれば、いろいろなところを回れるので、見識も深められるかもしれませんし、国会は百五十日もあればいいほうなので、外国へ行けるということなら、まとめて行くほうがよいのでしょう。

しかし、率直《そっちょく》に言って、これではやはり心配です。

休みを増やすのであれば、定年のある高齢《こうれい》層の方々に仕事の機会を増やすぐらいのことは考えてほしいと思います。

例えば、早起きが得意な高齢層の人たちには、朝のシフトに入ってもらうなり、一部は休日のときに仕事を入れてもらうなりして、働ける人はできるだけ働き続けられるような施策《しさく》をしなければ、ほかの国にＧＤＰでもっと追い越され、国力はさらに落ちていきます。二流国に落ちると、他国からなめられ、国防的にも発言力がなくなりますし、経済的にも外交的にも、日本の意見が通らなくなっていきます。

したがって、政府の「働き方改革」については、私は非常に心配しているのです。

仕事・経営・社会運営を貫《つらぬ》く基本ルールは「二宮尊徳《にのみやそんとく》型」の考え方

基本的には、やはり、「二宮尊徳精神《にのみやそんとく》」で行くしかないのです。ほかに王道はありません。コツコツと働いていくことが大事です。

もし、役所も含《ふく》めて、政府や地方公共団体等が財政赤字であったり、会社が赤字であったりするのであれば、そのときになすべきことははっきりしていきます。それは、「勤勉に働くこと」です。勤勉に働いて借金を減らしていくしかないでしょう。

残業がどうこうなど言っていられないわけです。とにかく、滞《とどこお》っている仕事をどんどん片付けて、前に進めていかなければならないのです。もうこれしかありません。そして、借金は返していくことです。そうしなければ、いずれ、自分の首を絞《し》めることになります。

日本には、一千兆円を超える財政赤字がありますけれども、その段階で、現政権は「給料を上げろ」と言っています。法律によって、公務員の給料は上げられますが、民間は「上げろ」と言われても、その後、どうなるかは分からない状態です。

また、今、銀行はどんどん弱っているので、将来、そこで何万人ものリストラが待っているとすると、ホイホイとお金を貸してくれるような状態ではないかもしれません。そうすると、自己資金を持っていなければ先が危なくなるので、それほど簡単にお金を使えなくはなります。

そういうことを考えると、基本ルールは一つです。「二宮尊徳型」で行くしかありません。とにかく勤勉に働き、小さな発明であっても、一つひとつ積み重ねることによって、未来への道を拓《ひら》くことです。

また、中小企業等は、とにかく、人よりもよく働く以外に方法はありません。特に、競争力の強い東京の企業などとぶつかることがある地方企業の場合は、やはり、少しでも多く働くしかないのです。東京のほうでは、「『早く休め』と言われて五時に帰宅し、土日の休みや連休などもたくさんあって遊んでいる」というのであれば、とにかく少しでも余分に働くことです。ときには休日を返上してでも、目標達成まで頑張《がんば》ってやらなければいけないこともあるでしょう。そうしなければ、おそらく潰《つぶ》れます。

〝悪魔《あくま》の誘惑《ゆうわく》〟が入った耳に優《やさ》しい言葉には気をつけよ

耳に優《やさ》しい言葉には気をつけてください。〝悪魔《あくま》の誘惑《ゆうわく》〟があります。それは、政府が、〝次の選挙に有利〟だと思って言っているだけの可能性もあるのです。

国全体が沈まないようにしなければならないので、どうか、こうしたことには騙《だま》されず、「かっちりと仕事をしていく者が、最後には勝つ」ということを知っておいてほしいのです。

特に、技術力や人材力等の劣《おと》る会社においては、やはり、少しでも勤勉に、真面目《まじめ》に、良心的な仕事を積み重ねて、信用を増やし、そして、借金を減らしていくべきでしょう。

基本的には、借金を減らし、収入を増やす努力をしていくことです。例えば、営業ならば、訪問回数を増やしていく。製造関係ならば、毎日毎日、改良を加えていく。そして、サービスの悪いところは、お客様の声に耳を傾《かたむ》けて改良していく。こういうことをしていかないかぎり、未来はありえないと思ってください。

日銀がいくら金融緩和《きんゆうかんわ》をして、お金を〝ドバドバ〟出してくれたところで、使いようがないのです。そのお金を有効に使えるものがあればよいのですけれども、やはり、それだけではいけないのです。

政府が考えているのは、「休みを増やすことによって、レジャーでお金を落としてもらうこと」、「タンス預金を引きずり出すこと」、また、「マフィアも一《いっ》緒《しょ》に呼び集めることになってしまうかもしれないが、カジノの類《たぐい》をつくり、外国の遊び人を集めて金を使わせること」、そんなことばかりを考えているのです。

そうではなく、きちんとした仕事をするべきでしょう。特に、目に見えるものをつくったり、サービスをつくったりして、しっかりとしたものを創造し、収入をあげることが極《きわ》めて大事です。

今は、仮想通貨等、架空《かくう》のものを操作するだけで儲《もう》かるような時代にもなっています。あるいは、コンピュータを上手に使えるような人たちが、人を騙してでも収入をあげる方法を、いろいろとつくれる時代にもなってきています。

そうであったとしても、「今までなかったものを実際につくり出すことによって、付加価値を生み出し、それが収入につながり、発展につながり、自分たちの生活につながる」という考え方を、どうか忘れないでください。ですから、もう一度、そうした健全なものの考え方をするようにしていただきたいと思っています。

4 「ＬＧＢＴ」の権利拡大が危険である理由

この世で何があろうとも、「法則」自体は変わらない

さらに、もう一つ述べておきたいことは、「価値観の問題」についてです。日本は、先の大戦において各地で爆撃《ばくげき》を受け、広島には原爆が落とされ、そうとうひどい目に遭《あ》い、そこから再建してきました。戦争で負けたことによって、神への信仰《しんこう》がなくなったり、あるいは、転生輪廻《てんしょうりんね》の思想を信じなくなったりする人も多くなったかもしれませんが、「法則」自体は変わっていないので

す。

この世的に何があろうとも、「法則」そのものは変わっていません。「魂《たましい》が天上界《てんじょうかい》にいて、人生修行《しゅぎょう》のために、この世に繰《く》り返し生まれ変わってきている」という法則は変わらないのです。

ですから、どうか、「この世がいくらよくなったとしても、この世に執着《しゅうちゃく》しすぎたら、あまりよいことはない」ということ、「この世に過ごしやすい世界ができるのはよいことではあっても、それがすべてではない」ということを知っておいてください。

「少数者権利」は守るべきだが、全体のルールになっていいのか

これに関して付け加えるとすると、非常に言いにくいことであるし、政治的には票にならないようなことなのかもしれないとは思いますが、現在、「LGBT」と言われている問題についてです。

「L」はレズビアン、「G」はゲイ、「B」はバイセクシュアル、「T」はトランスジェンダーのことですが、私も、これらの定義について、細《こま》かくはよく分かりません。重なっているところもあるようなので、よくは分からないのですが、今、その権利を拡大する方向に世界中の流れが来ていて、日本もだいぶ押《お》されています。

日本でも、憲法改正をしなければ認められないことになっているのですが、条例レベルでは、渋谷《しぶや》区や港区あたりでは、事実上の男性同士の結婚《けっこん》とか、女性同士の結婚とかを認めるほうに動いていて、「これが日本国中に広がることが世界の趨勢《すうせい》だ」と思われ始めているのです。

マスコミもその方向に動いているようで、政治家のほうもだいぶ弱気になっていますし、これを攻撃《こうげき》した保守の雑誌も休刊になったりしていて、「ものが言えない状態」にはなっています。

私としては、「少数者の権利は守らなければいけないし、それが〝魔女狩《まじょが》り〟みたいになることは避《さ》けるべきだ」と考えています。

しかし、「大きな目で見てどうなのだろうか」という考え方はあると思うのです。

例えば、幸福の科学では、「宇宙人リーディング」なども行《おこな》っていますが、それによると、ほかの星のなかには、「男性」「女性」に加えて「中性」があるところもあれば、単性星で、「男女」はなく、「単性」で生まれ変わりをやっているところもあります。そのように、いろいろな考えがありうることは分かってはいるのです。

それも分かった上で、「ただ、この地球では、女性と男性に分かれて生まれることによって、相対的に性を持つことによって、人生経験を豊富にするという目的を与《あた》えられている。基本はそういう考え方なのだ」ということは申し上げておきたいと思います。

「例外」はあるかもしれませんけれども、例外のほうが当たり前になって、そちらのほうがルールになったり、あるいは、「ブームなのだ」というかたち

●宇宙人リーディング……　過去世《かこぜ》で宇宙から飛来し、現在、地球人として転生《てんしょう》している者の「魂の記憶」を遡《さかのぼ》り、宇宙時代の意識を呼び出して対話をすること。『宇宙人リーディング』『宇宙人との対話』（共に幸福の科学出版刊）等参照。

で、あまり後押しが強すぎたりするのは、問題ではないかと思うのです。

「今世《こんぜ》は、それぞれの性のなかで花咲《さ》かせなさい」という法則

それから、医者とか裁判官などが、「その人の心が男性だから、男性だ」「心が女性だから、女性だ」というような判定ができるというのは無理があるし、傲慢《ごうまん》かなと思っています。

宗教家から見ても、「その人の心が男性か、女性か」というのは、簡単に言うことはできません。

私たちは、教えのなかで、過去世《かこぜ》で男性だった人が転生して女性に生まれていたり、女性が男性に生まれていたりすること、あるいは、女性を繰り返して

生まれたり、男性を繰り返して生まれたりしている方もいることを知っています。

つまり、「前世《ぜんせ》で女性の人が、今世《こんぜ》は男性に生まれた」「前世で男性の人が、今世は女性に生まれた」というようなことはあるのです。男性の体のなかに女性霊《れい》が入っている、あるいは、その反対もあるわけです。したがって、心としては、そういう傾向《けいこう》がありえることは知っています。それが分かっているので、差別はされるべきではないだろうとは思います。

しかしながら、そういう、男性が女性に生まれたり、女性が男性に生まれたりすることがあるというのは、どういうことかというと、「せいぜい生きて三万日ぐらいの人生なので、今回、生まれたそれぞれの性のなかで、やるべきことをきちんとやりなさい、花咲《さ》かせなさい」と命じられているのだということです。そう思っていただきたいのです。

日本では、今はあまりないかもしれませんが、例えば、イスラム系の過激派がいるところなどでは、女性が学校へ行くのでも襲撃《しゅうげき》されたり、あるいは、女性が奴隷扱《どれいあつか》いされたり、財産扱いされたりしているところも、まだたくさんあります。

そういうことをやっている男性は、来世《らいせ》は女性に生まれ変わっていただくしかないわけであって、その場合は一生、女性として生きてもらわないといけないでしょう。「途中《とちゅう》で男性に変わる」などというのは許されないことで、「あなたは、女性として、あなたが過去世でやったように奴隷扱いをされてみなさい」というわけです。そうしたら、自分が何をやったかがよく分かるはずです。死んであの世に還《かえ》ってみたら、「ありゃ！　前に、けっこう悪いことをやったかも」というようなことが、やっと分かるでしょう。

そういう意味もあって、男性、あるいは女性に生まれてくることもあるので、今世だけを見て、全部を判断してはいけません。あくまでも、例外的に見てあげなければいけない人もいることは事実だけれども、それを当たり前のように思うのは間違《まちが》いであり、傲慢《ごうまん》さがあります。

神としては、「この世の男性、女性の役割で、一定の修行《しゅぎょう》をせよ」ということを教えています。男性、女性を生きながら、なるべくそうした差別のなかから抜《ぬ》け出して、女性にも活躍《かつやく》の場を与え、男性にも、出すぎているところがあれば、ちゃんと反省するように、そういう社会をつくっていく努力をさせようとしています。

そうしたこともあって、「この点について、一定の歯止《はど》めは要《い》るかな」と思っているのです。「十三人に一人ぐらいがＬＧＢＴ」とも言われていて、それ

●十三人に一人……　日本におけるＬＧＢＴの割合は、調査機関によって違いがあるが、2016年に行われた民間団体の調査では「約8.0パーセント、13人に1人」となっている。

がもっと増えていこうとしている状況《じょうきょう》にありますけれども、これは後天的なものもあるのではないかと思います。

それと、もう一つだけ宗教的に言わせていただくと、「魂が前世では別の性だった」という場合もあるけれども、「今世で生きている間の憑依霊《ひょういれい》」というケースもあるのです。つまり、男性が女性霊に、あるいは女性が男性霊に憑依されて、「自分がそうだ」と思い込《こ》んでいる場合もあるわけです。

そういうわけで、「これは、医者が言うような、あるいは、裁判官が思うような簡単なものではないのだ」ということは知っておいたほうがよいでしょう。そのあたりについて言っておきたいと思います。

「新潮45」休刊の理由が〝言葉狩《が》り〟なのはあまりよくないこと

なぜ、そのように言うかというと、先ほどから述べていることと同じで、これも「国の未来にかかわること」だからです。

「天照大神《あまてらすおおみかみ》の霊言《れいげん》」のなかにもあったように、やはり、未来については、天照大神も、「このあたりの男女のところは、きっちり分けて考えていったほうがよい」と考えていらっしゃるようです。

それは、あくまでも「この世に生まれたときの性の区分」であって、あの世に還ったあとは、霊体《れいたい》になります。そのときには、体の機能は関係なくなりますが、次に生まれ変わるまでの間、「地上に生まれたときの性別と名前」をア

●天照大神の霊言……　『天照大神の未来記』(幸福の科学出版刊)参照。

イデンティティーとして持っています。そのように、「個性」を与えられるのが、今世の意味なのです。

どうか、こうした「生まれ変わりの仕組み」についても、ある程度、ご理解ください。

一部、傷つく方もいらっしゃるかもしれませんけれども、「それがメジャーになってはいけないのだ」ということです。

保守系の宗教としては、「一定の歯止めが要る」ということは言っておきたいと思います。

なお、「新潮45」が休刊、事実上の廃刊《はいかん》になったことを残念に思っているわけではありません（会場笑）。あの雑誌は、当会の悪口をたくさん書いてきた罪により、廃刊になっても全然おかしくないとは思うのですが、「休刊の理由」

がやや違うような気がします。決して援護《えんご》しているわけではありませんけれども、「言論の自由」として、もう少し戦わせられる余地は残したほうがよいでしょう。何か反対意見を出したりすると、必ず〝言葉狩り《がり》〟をされるように責められるというのは、あまりよくないのではないかなと思っています。

また、私のほうが女性の権利を低く見ているわけでないことは、十分、分かってくださることだと思います。

5　世界の手本となる国づくりを志す

そういったことも含《ふく》めて、「未来」というものを、もっともっとよくしていくように考えていきたいと思います。

できれば、「理想の国」をこの国につくって、その「理想的な考え方」を、世界になるべく学んでいただきたいのです。そういう、手本になる国づくりをしていきたいと思っています。

こういうことを、かつていちばん被害《ひがい》を受けられた、ここ広島の方々も、よくよく考えていただきたいと思います。

私たちは、間違《まちが》うことがあります。敗れることがあります。

しかし、また同時に、立ち直ることも、立ち上がることも、再び戦うことも、再び勇気を持つことも、再び豊かになることもできる存在です。

そうした、自由自在の心の力を、信仰心《しんこうしん》と一体にして、「豊かな未来」を、「希望ある未来」を拓《ひら》いていくことが大事だと思います。

どうぞ、私の言葉を信じて、未来をお拓きください。

あとがき

国際政治・経済・外交の諸論点に触れつつも、宗教政治家として、現代の哲人として、世界教師として言わねばならぬことを述べた。

私自身は、幸福の科学グループの創始者であるが、同時に、幸福実現党の創立者でもある。

日本という国は、宗教が政治問題に意見を言うのを極端に嫌う傾向がある。憲法の政教分離規定は、国家神道《こっかしんとう》が国の政治の実権を握ることを戒《いまし》めた規定である。しかし、現政権は皇室の政治利用に余念《よねん》がない。むしろ皇室を政治の追い風に積極的に活用するのに熱心である。

その反面、他の宗教の政治活動に関しては、大手紙、在京テレビ局では、

「戦略的黙殺《もくさつ》」をし続けている。

神仏の教えが民主主義の敵であるなら、アメリカやヨーロッパの繁栄はなかったろう。信仰なくしてどうやって人権の最後の砦《とりで》が護《まも》れようか。

信仰抜きの自称「民主主義」は、お隣りの国、中国のように、「人民解放軍」が「人民弾圧軍」になる国である。人間を、ロボット同様の機械とみなす国に、いかなる幸福な未来がありえようか。

今こそ、「幸福実現党」の存在の意味を、その世界史的役割を、一人でも多くの人に理解してもらいたい。心の底からそう願っている。

二〇一九年　六月五日

幸福《こうふく》の科学《かがく》グループ創始者兼総裁《そうししゃけんそうさい》　大川隆法《おおかわりゅうほう》

『自由・民主・信仰の世界』関連書籍

『永遠の法』（大川隆法 著　幸福の科学出版刊）
『愛は憎しみを超えて』（同右）
『夢は尽きない』（大川隆法・釈量子 共著　同右）
『Love for the Future』（大川隆法 著　同右）
『人生の王道を語る』（同右）
『従軍慰安婦問題と南京大虐殺は本当か？
——左翼の源流 vs. E．ケイシー・リーディング——』（同右）
『守護霊インタビュー ドナルド・トランプ アメリカ復活への戦略』（同右）
『天照大神の未来記』（同右）

『神に誓って「従軍慰安婦」は実在したか』（大川隆法 著　幸福実現党刊）

『日露平和条約がつくる新・世界秩序
　プーチン大統領守護霊 緊急メッセージ』（同右）

『大川隆法 オーストラリア 巡錫の軌跡』（大川隆法 監修　幸福の科学出版刊）

※左記は書店では取り扱っておりません。最寄りの精舎・支部・拠点までお問い合わせください。

『上級英語伝道入門 第1集』（大川隆法 編著　宗教法人幸福の科学刊）

自由《じゆう》・民主《みんしゅ》・信仰《しんこう》の世界《せかい》

――日本と世界の未来ビジョン――

2019年6月6日　初版第1刷

著　者　　大《おお》　川《かわ》　隆《りゅう》　法《ほう》

発行所　　幸福の科学出版株式会社

〒107-0052 東京都港区赤坂2丁目10番14号
TEL(03)5573-7700
https://www.irhpress.co.jp/

印刷・製本　株式会社 研文社

落丁・乱丁本はおとりかえいたします

ISBN978-4-8233-0086-8 C0030

守護霊インタビュー トランプ大統領の決意

英語霊言 日本語訳付き

北朝鮮問題の結末とその先のシナリオ

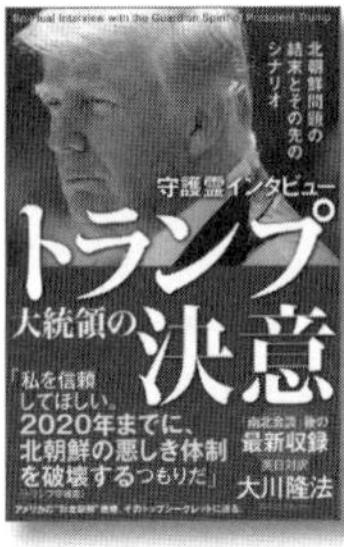

"宥和《ゆうわ》ムード" で終わった南北会談。トランプ大統領は米朝会談を控え、いかなるビジョンを描くのか。今後の対北朝鮮戦略のトップシークレットに迫る。

1,400円

日露平和条約がつくる新・世界秩序 プーチン大統領守護霊 緊急メッセージ

なぜ、プーチンは条約締結を提言したのか。中国や北朝鮮の核の脅威、北方領土問題の解決と条件、日本の選ぶべき未来とは──。【幸福実現党刊】

1,400円

習近平守護霊 ウイグル弾圧を語る

ウイグル "強制収容所" の実態、チャイナ・マネーによる世界支配戦略、宇宙進出の野望──。暴走する独裁国家の狙いを読み、人権と信仰を守るための一書。

1,400円

文在寅守護霊 vs. 金正恩守護霊

南北対話の本心を読む

南北首脳会談で北朝鮮は非核化されるのか？ 南北統一、対日米戦略など、宥和路線で世界を欺く両首脳の本心とは。外交戦略を見直すための警鐘の一冊。

1,400円

国家繁栄の条件

「国防意識」と「経営マインド」の強化を

現在の国防危機や憲法問題を招いた「吉田ドクトリン」からの脱却や、国家運営における「経営の視点」の必要性など、「日本の進む道」を指し示す。

1,500円

資本主義の未来

来たるべき時代の「新しい経済学」

なぜ、ゼロ金利なのに日本経済は成長しないのか？ マルクス経済学も近代経済学も通用しなくなった今、「未来型資本主義」の原理を提唱する！

2,000円

日銀総裁 黒田東彦 守護霊インタビュー

異次元緩和の先にある新しい金融戦略

二期目に入った日銀総裁の本心に迫る。日本経済復活の秘策と、中国軍事経済への対抗策とは。〝新・黒田バズーカ〞が日本を取り巻く諸問題を打ち砕く。

1,400円

富国創造論

公開霊言 二宮尊徳・渋沢栄一・上杉鷹山

資本主義の精神を発揮し、近代日本を繁栄に導いた経済的偉人が集う。日本経済を立て直し、豊かさをもたらす叡智の数々。

1,500円

大川隆法シリーズ・**最新刊**

旧民主党政権の「陰の総理」仙谷由人の霊言

旧民主党政権が国難を招いてしまった真因に迫る。親中路線の誤算、震災の被害増大、中国漁船衝突事件など、仙谷由人氏が赤裸々に語る、死後九日目の霊言。

1,400円

新上皇と新皇后のスピリチュアルメッセージ

皇室の本質と未来への選択

令和初日5月1日に特別収録された、明仁上皇と雅子皇后の守護霊霊言。生前退位の真意、皇位継承、皇室改革、皇室外交など、そのご本心が明らかに。

1,400円

メタトロンの霊言

危機にある地球人類への警告

中国と北朝鮮の崩壊、中東で起きる最終戦争、裏宇宙からの侵略——。キリストの魂と強いつながりを持つ最上級天使メタトロンが語る、衝撃の近未来。

1,400円

堺屋太一の霊言

情報社会の先にある「究極の知価革命」

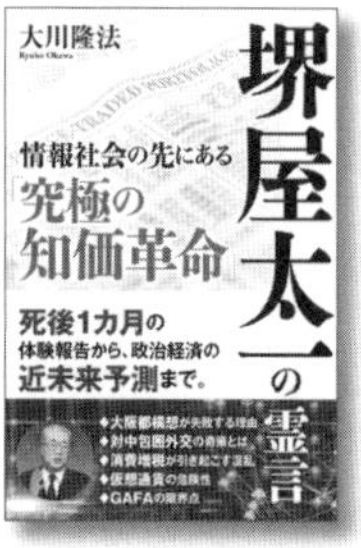

情報社会の先にある「究極の知価革命」とは。堺屋太一が、大阪維新の会への率直な思いをはじめ、政治・経済の近未来予測を独自の視点で語る。

1,400円

※表示価格は本体価格(税別)です。

大川隆法「法シリーズ」

青銅の法

法シリーズ 第25作

人類のルーツに目覚め、愛に生きる

限りある人生のなかで、
永遠の真理をつかむ——。
地球の起源と未来、宇宙の神秘、
そして「愛」の持つ力を明かした、
待望の法シリーズ最新刊。

第１章　情熱の高め方
——無私のリーダーシップを目指す生き方

第２章　自己犠牲の精神
——世のため人のために尽くす生き方

第３章　青銅の扉
——現代の国際社会で求められる信仰者の生き方

第４章　宇宙時代の幕開け
——自由、民主、信仰を広げるミッションに生きる

第５章　愛を広げる力
——あなたを突き動かす「神の愛」のエネルギー

2,000円

ワールド・ティーチャーが贈る「不滅の真理」

「仏法真理の全体像」と「新時代の価値観」を示す法シリーズ！
全国書店にて好評発売中！

幸福の科学出版

世界から
希望が
消えたなら。
製作総指揮・原案／大川隆法
竹内久顕　千眼美子　さとう珠緒　芦川よしみ　石橋保　木下渓
監督／赤羽博　音楽／水澤有一　脚本／大川咲也加　製作／幸福の科学出版　製作協力／ARI Production　ニュースター・プロダクション
制作プロダクション／ジャンゴフィルム　配給／日活　配給協力／東京テアトル　©2019 IRH Press
10.18 ROADSHOW

幸福の科学グループのご案内

宗教、教育、政治、出版などの活動を通じて、地球的ユートピアの実現を目指しています。

幸福の科学

一九八六年に立宗。信仰の対象は、地球系霊団の最高大霊、主エル・カンターレ。世界百カ国以上の国々に信者を持ち、全人類救済という尊い使命のもと、信者は、「愛」と「悟り」と「ユートピア建設」の教えの実践、伝道に励んでいます。

（二〇一九年六月現在）

愛

幸福の科学の「愛」とは、与える愛です。これは、仏教の慈悲《じひ》や布施《ふせ》の精神と同じことです。信者は、仏法真理をお伝えすることを通して、多くの方に幸福な人生を送っていただくための活動に励んでいます。

悟り

「悟り」とは、自らが仏の子であることを知るということです。教学《きょうがく》や精神統一によって心を磨き、智慧《ちえ》を得て悩みを解決すると共に、天使・菩薩《ぼさつ》の境地を目指し、より多くの人を救える力を身につけていきます。

ユートピア建設

私たち人間は、地上に理想世界を建設するという尊い使命を持って生まれてきています。社会の悪を押しとどめ、善を推し進めるために、信者はさまざまな活動に積極的に参加しています。

国内外の世界で貧困や災害、心の病で苦しんでいる人々に対しては、現地メンバーや支援団体と連携して、物心両面にわたり、あらゆる手段で手を差し伸べています。

年間約２万人の自殺者を減らすため、全国各地で街頭キャンペーンを展開しています。

公式サイト **www.withyou-hs.net**

ヘレン・ケラーを理想として活動する、ハンディキャップを持つ方とボランティアの会です。視聴覚障害者、肢体不自由な方々に仏法真理を学んでいただくための、さまざまなサポートをしています。

公式サイト **www.helen-hs.net**

入会のご案内

幸福の科学では、大川隆法総裁が説く仏法真理《ぶっぽうしんり》をもとに、「どうすれば幸福になれるのか、また、他の人を幸福にできるのか」を学び、実践しています。

入会

仏法真理を学んでみたい方へ

大川隆法総裁の教えを信じ、学ぼうとする方なら、どなたでも入会できます。入会された方には、『入会版「正心法語《しょうしんほうご》」』が授与されます。

ネット入会 入会ご希望の方はネットからも入会できます。
happy-science.jp/joinus

三帰《さんき》誓願《せいがん》

信仰をさらに深めたい方へ

仏弟子としてさらに信仰を深めたい方は、仏《ぶっ》・法《ぽう》・僧《そう》の三宝《さんぼう》への帰依を誓う「三帰誓願式」を受けることができます。三帰誓願者には、『仏説・正心法語』『祈願文《きがんもん》①』『祈願文②』『エル・カンターレへの祈り』が授与されます。

幸福の科学 サービスセンター
TEL 03-5793-1727
（受付時間／火～金：10～20時 土・日祝：10～18時（月曜を除く））

幸福の科学 公式サイト
happy-science.jp

仏法真理塾「サクセスNo.1」

全国に本校・拠点・支部校を展開する、幸福の科学による信仰教育の機関です。小学生・中学生・高校生を対象に、信仰教育・徳育にウエイトを置きつつ、将来、社会人として活躍するための学力養成にも力を注いでいます。

TEL 03-5750-0747（東京本校）

エンゼルプランV　TEL 03-5750-0757

幼少時からの心の教育を大切にして、信仰をベースにした幼児教育を行っています。

不登校児支援スクール「ネバー・マインド」　TEL 03-5750-1741

心の面からのアプローチを重視して、不登校の子供たちを支援しています。

ユー・アー・エンゼル！（あなたは天使！）運動

一般社団法人 ユー・アー・エンゼル　TEL 03-6426-7797

障害児の不安や悩みに取り組み、ご両親を励まし、勇気づける、
障害児支援のボランティア運動を展開しています。

NPO活動支援

いじめから子供を守ろうネットワーク

学校からのいじめ追放を目指し、さまざまな社会提言をしています。また、各地でのシンポジウムや学校への啓発ポスター掲示等に取り組む一般財団法人「いじめから子供を守ろうネットワーク」を支援しています。

公式サイト mamoro.org　ブログ blog.mamoro.org

相談窓口 TEL.03-5544-8989

百歳まで生きる会

「百歳まで生きる会」は、生涯現役人生を掲げ、友達づくり、生きがいづくりをめざしている幸福の科学のシニア信者の集まりです。

シニア・プラン21

生涯反省で人生を再生・新生し、希望に満ちた生涯現役人生を生きる仏法真理道場です。定期的に開催される研修には、年齢を問わず、多くの方が参加しています。全国186カ所、海外13カ所で開校中。

【東京校】TEL 03-6384-0778　FAX 03-6384-0779
メール senior-plan@kofuku-no-kagaku.or.jp

幸福実現党

内憂外患《ないゆうがいかん》の国難に立ち向かうべく、2009年5月に幸福実現党を立党しました。創立者である大川隆法党総裁の精神的指導のもと、宗教だけでは解決できない問題に取り組み、幸福を具体化するための力になっています。

幸福実現党 釈量子サイト **shaku-ryoko.net**

Twitter **釈量子@shakuryoko**で検索

党の機関紙
「幸福実現NEWS」

幸福実現党　党員募集中

あなたも幸福を実現する政治に参画しませんか。

- ◯幸福実現党の理念と綱領、政策に賛同する18歳以上の方なら、どなたでも参加いただけます。
- ◯党費：正党員（年額5千円［学生 年額2千円］）、特別党員（年額10万円以上）、家族党員（年額2千円）
- ◯党員資格は党費を入金された日から1年間です。
- ◯正党員、特別党員の皆様には機関紙「幸福実現NEWS（党員版）」（不定期発行）が送付されます。

＊申込書は、下記、幸福実現党公式サイトでダウンロードできます。

住所：〒107-0052　東京都港区赤坂2-10-8 6階 幸福実現党本部

TEL **03-6441-0754**　FAX **03-6441-0764**

公式サイト **hr-party.jp**

出版　メディア　芸能文化　幸福の科学グループ

幸福の科学出版

大川隆法総裁の仏法真理の書を中心に、ビジネス、自己啓発、小説など、さまざまなジャンルの書籍・雑誌を出版しています。他にも、映画事業、文学・学術発展のための振興事業、テレビ・ラジオ番組の提供など、幸福の科学文化を広げる事業を行っています。

アー・ユー・ハッピー？
are-you-happy.com

ザ・リバティ
the-liberty.com

幸福の科学出版
TEL **03-5573-7700**
公式サイト **irhpress.co.jp**

THE FACT

ザ・ファクト
マスコミが報道しない「事実」を世界に伝えるネット・オピニオン番組

YouTubeにて随時好評配信中！

ザ・ファクト　検索

NEW STAR PRODUCTION

ニュースター・プロダクション

「新時代の美」を創造する芸能プロダクションです。多くの方々に良き感化を与えられるような魅力あふれるタレントを世に送り出すべく、日々、活動しています。 公式サイト **newstarpro.co.jp**

ARI Production

ARI《アリ》 Production《プロダクション》

タレント一人ひとりの個性や魅力を引き出し、「新時代を創造するエンターテインメント」をコンセプトに、世の中に精神的価値のある作品を提供していく芸能プロダクションです。 公式サイト **aripro.co.jp**

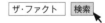

大川隆法　講演会のご案内

大川隆法総裁の講演会が全国各地で開催されています。講演のなかでは、毎回、「世界教師」としての立場から、幸福な人生を生きるための心の教えをはじめ、世界各地で起きている宗教対立、紛争、国際政治や経済といった時事問題に対する指針など、日本と世界がさらなる繁栄の未来を実現するための道筋が示されています。

2019年5月14日 幕張メッセ「自由・民主・信仰の世界」

2019年3月3日 グランド ハイアット 台北（台湾）「愛は憎しみを超えて」

2017年8月2日 東京ドーム「人類の選択」

2018年10月7日 ザ・リッツカールトン ベルリン（ドイツ）「Love for the Future」

2019年1月26日 広島県立文化芸術ホール「未来への希望」

講演会には、どなたでもご参加いただけます。
最新の講演会の開催情報はこちらへ。 ⟹ 大川隆法総裁公式サイト
https://ryuho-okawa.org